복음으로 세워진
교회

The Gospel Project for **Students** is published quarterly by LifeWay Christian Resources,
One LifeWay Plaza, Nashville, TN 37234, Thom S. Rainer, President
© 2017 LifeWay Christian Resources
Translated and used by permission of LifeWay Christian Resources

This Korean translation edition © 2019 by Duranno Ministry,
38, Seobinggo-ro 65-gil, Yongsan-gu, Seoul, Republic of Korea
Published by arrangement with LifeWay Christian Resources

가스펠 프로젝트

신약 4

복음으로 세워진 교회
중고등부

지은이 · LifeWay Students
옮긴이 · 심정훈
감수 · 김병훈, 류호성, 곽상학
초판 발행 · 2019년 1월 4일
2판 1쇄 발행 · 2023년 12월 20일
등록번호 · 제1988-000080호
등록된 곳 · 서울특별시 용산구 서빙고로65길 38
발행처 · 사단법인 두란노서원
영업부 · 02-2078-3352, 3452, 3781, 3752 FAX 080-749-3705
편집부 · 02-2078-3437
디자인 · 땅콩프레스

책값은 뒤표지에 있습니다.
ISBN 978-89-531-4693-8 04230 / 978-89-531-4669-3(세트)

가스펠 프로젝트 홈페이지 · gospelproject.co.kr
두란노몰 · mall.duranno.com

차례

능력을 주시는
성령님   첫 번째 이야기   사도행전

보내시는
하나님   두 번째 이야기   사도행전

4

The Church on Mission

발간사

두란노서원을 통해 라이프웨이(LifeWay)의 《가스펠 프로젝트》 성경 공부 교재 시리즈를 발간할 수 있도록 인도하신 하나님께 감사드립니다. 험한 소리로 가득한 세상에 이 책을 다릿돌처럼 놓습니다. 우리 삶은 말씀을 만난 소리로 풍성해져야 합니다. 주님을 만난 기쁨의 소리, 진실 앞에서 탄식하는 소리, 죄를 씻는 울음소리, 소망을 품은 기도 소리로 가득해야 합니다.

《가스펠 프로젝트》는 신구약을 관통하는 예수 그리스도의 복음을 발견하고, 그 가르침을 삶에 적용하는 지혜를 얻도록 기획한 성경 공부 교재입니다. 어린아이부터 어른에 이르기까지 생애주기에 따른 복음 메시지를 잘 배울 수 있습니다. 또한, 거짓 진리가 미혹하는 이 시대에 건강한 신학과 바른 교리로 말씀을 조명하여 성도의 신앙이 좌로나 우로나 치우치지 않도록 돕습니다.

두란노서원은 지금까지 "오직 성경, 복음 중심, 초교파적 관점"을 바탕으로 한국 교회와 성도를 꾸준히 섬겨 왔습니다. 오직 성경의 정신에 입각해 책과 잡지를 출판해 왔으며, 성경에 근거한 복음 중심의 신학을 포기한 적이 없습니다. 그리고 교단과 교파를 초월하여 교회와 성도가 하나님의 나라를 바라볼 수 있도록 돕기 위해 노력해 왔습니다. 《가스펠 프로젝트》는 두란노가 지켜 온 세 가지 가치를 충실하게 담은 책입니다.

성경은 구원을 위한 책이며, 구원사의 주인공은 예수 그리스도입니다. 창세기부터 요한계시록까지 오직 예수 그리스도의 복음만을 전하는 《가스펠 프로젝트》 성경 공부 교재를 통해 복음의 은혜와 진리를 깊이 경험하고, 복음 중심의 삶이 마음에 새겨지기를 바랍니다. 그리고 예수 그리스도 복음에 굳게 선 한 사람의 영향력이 가정과 교회와 사회에 흘러감으로써 거룩한 하나님 나라가 확산되어 가기를 소망합니다.

두란노서원 원장 이 형 기

감수사

두란노가 출간하는 《가스펠 프로젝트》는 무엇보다도 전통적으로 교회가 풀어 온 흐름을 충실히 따라 성경을 해설하고 있습니다. 그리고 그 방향은 궁극적으로 예수 그리스도를 향해 나아가고 있습니다. 이것은 예수님이 구약과 신약의 모든 성경이 자신을 가리키고 있다고 하신 말씀에 비추어 매우 타당한 것입니다. 게다가 그리스도 중심적 해설을 무리하게 전개하지 않습니다. 각 본문에서 하나님의 구원 언약과 그것을 실현하시는 하나님을 드러내면서, 그리스도의 예표적 설명이 가능한 사건을 놓치지 않고 풀어 내고 있습니다.

성경 공부 교재는 명시적으로 혹은 암시적으로 제시하는 교리적 진술이 교리체계상 건전해야 합니다. 《가스펠 프로젝트》는 99개 조에 이르는 핵심 교리들을 일목요연하게 제시하여 교리의 건전성을 확인할 수 있도록 도움을 줍니다. 《가스펠 프로젝트》의 교리는 교파를 막론하고, 예수 그리스도의 복음에 충실한 복음주의 교회들에게 환영받을 만합니다. 물론 교파마다 약간의 이견을 갖는 부분이 있을 수 있겠지만 각 교회에서 교재를 활용하는 데에 무리가 없을 것으로 판단합니다. 《가스펠 프로젝트》의 특징은 각 과에서 학습한 내용을 핵심 교리와 연결해 주며, 그 결과 그리스도의 복음에 관련한 교리적 이해를 강화시킨다는 데에 있습니다.

끝으로 《가스펠 프로젝트》는 어떤 성경 주석서나 교리 학습서가 갖지 못하는 훌륭한 장점을 가지고 있습니다. 그것은 학습자를 하나님과 그리스도의 복음 앞으로 나오도록 이끌며 자신의 신앙과 삶을 돌아보도록 하는 적용의 적실성과 훈련의 효과입니다. 아울러 선교적 안목을 열어 주는 적용 질문을 더해 준 것은 《가스펠 프로젝트》에서 얻을 수 있는 커다란 유익입니다.

《가스펠 프로젝트》는 성경을 개괄적으로 매주 한 과씩, 3년의 기간 동안 일목요연하게, 그리고 그리스도 중심적으로 공부하도록 이끌어 준다는 점에서, 한국 교회의 기초를 성경 위에 놓는 일에 대단히 커다란 공헌을 할 것으로 믿어 의심치 않습니다.

김병훈 _ 합동신학대학원대학교 조직신학 교수

하나님의 말씀이 임하는 곳에는 회복의 역사가 있어서 죽은 뼈들도 힘줄이 생기고 살이 오릅니다(겔 37:8). 왜냐하면 하나님의 말씀은 그 자체에 능력이 있기 때문입니다(눅 1:37). 그분의 말씀은 살아 있고 활력이 있기에 예리하게 혼과 영과 및 관절과 골수를 찔러 쪼개기까지 하며 또 마음의 생각과 뜻을 판단할 것입니다(히 4:12). 하나님의 말씀이 왕성하게 흘러넘쳐 온 세상과 우주를 적실 때에 정의와 사랑(렘 9:24) 그리고 제자의 수가 많아지는 놀라운 부흥을(행 6:7) 경험할 것이고, 악한 세력이 모두 물러가며 새 하늘과 새 땅이 다가올 것입니다.

이를 위해 작은 등불의 역할을 할 《가스펠 프로젝트》는 다음과 같은 특징이 있습니다. 첫째는 성경 전체를 '그리스도 중심'으로 바라본 것입니다. 오실 그리스도(구약)와 오신 그리스도 그리고 앞으로 다시 오실 그리스도(신약)의 관점에서 구약성경과 신약성경을 서로 연결시켜서, 그 속에 담긴 놀라운 하나님의 구원 역사를 보게 합니다. 둘째는 같은 본문으로 교회와 가정 그리고 전 연령층에서 그리스도의 사랑을 배우게 합니다. 이는 특히 가정에서 소통할 기회를 제공하고 사랑과 정의를 실천하는 성숙한 그리스도인으로 성장하도록 이끌어 줍니다. 셋째는 신학적 주제와 기초 교리를 이해하기 쉽게 설명하며 영적 분별력을 향상시키는 데 도움을 줍니다. 넷째는 배운 것을 복음의 씨앗을 뿌리는 선교와 연결시키며 하나님이 주신 사명을 실천하도록 이끄는 것입니다. 이는 복음의 열정을 회복시켜 줍니다.

그러므로 모든 교단과 교파를 초월해서, 하나님의 섬세한 구원의 손길과 그리스도의 숭고한 십자가의 사랑 그리고 거룩함으로 인도하는 성령님의 인도하심을 배울 수 있을 것입니다. 그래서 《가스펠 프로젝트》를 통해 하나님의 말씀이 한반도에 흘러넘칠 뿐만 아니라, 복음의 열정을 품고 전 세계로 향하는 많은 전도자들을 세워 갈 것입니다.

류호성 _ 서울장신대학교 신약학 교수

✚　일반적으로 교육의 3요소를 교육 주체인 교사, 교육 객체인 학생, 교육 내용인 교육 과정(curriculum)이라고 말합니다. 기독교 교육 또한 교회 학교 교사나 가정의 부모가 교육 주체가 되어 다음 세대인 청소년들에게 복음이 담긴 성경을 가르치는 것입니다. 교육 과정을 제외하고는 공교육과 기독교 교육이 본질적으로 다를 수 없는데, 시대의 요청이나 학습자의 역량에 따라 교육 과정이 바뀌는 공교육과 달리, 성경이라는 절대 진리가 교육 과정인 기독교 교육은 수요자 중심의 창의적 상호 작용 등 교육 방법론에 취약점을 보인 것이 사실입니다.

《가스펠 프로젝트》는 객관론적인 인식론에 근거한 프로젝트 수업을 염두에 두었기 때문에, 안내하고 조력하는 교사의 역할 수행과 자연스럽고도 적극적인 학생들의 반응이 만나 성경의 내용을 '지금 그리고 여기'를 사는 '나'와 접목시켜 진지하게 대면하게 합니다. 매 과마다 청소년 설교 제목과 같은 감각적인 제목으로 문을 열고 들어가 'HIS STORY'를 만나게 됩니다. 그뿐 아니라 '연대표', '알짬 교리 99' 등은 다소 지루할 수 있는 성경의 이야기를 청소년 특유의 감성으로 풀어 주므로 그들의 지적 호기심을 채워 주기에 충분합니다. 또한 '그리스도와의 연결'로 구속사적 흐름을 놓치지 않고 그리스도의 복음을 충실히 따르고 있습니다. 영원불변하는 하나님의 말씀이 21세기에 대한민국에서 살아가는 중학생, 고등학생의 실제 이야기로 잘 구현되도록 한 'YOUR STORY', 그리고 '생각'과 '마음'이 '행동'으로 이어지도록 이끌어 주는 'YOUR MISSION'은 성경 공부의 매우 중요한 연결 고리가 될 것입니다.

《가스펠 프로젝트》는 그리스도 중심의 성경 공부 교재이자, 성경 전체를 꿰뚫는 복음의 알파와 오메가로서 이 시대에 새로운 기독교 교육의 이정표가 될 것을 확신합니다.

곽상학 _ 전 온누리교회 협동 목사

추천사

우리 시대의 전 세계적 교회 부흥은 두 가지 샘을 가지고 있습니다. 한 샘은 오순절 부흥 운동의 샘입니다. 이 샘으로 많은 시대의 목마른 영혼들이 목마름을 해갈했습니다. 또 하나의 샘은 성경 연구의 샘입니다. 남침례교 주일학교 운동은 이 샘의 개척자입니다. 이 샘으로 지금도 많은 성도가 목마름을 해갈하고 있습니다. 미국 남침례교 라이프웨이 출판사는 이러한 사역을 충실히 감당해 왔습니다.《가스펠 프로젝트》는 모든 필요를 공급하는 원천이 될 것입니다.《가스펠 프로젝트》로 한국 교회의 목마름이 해갈되기를 기도합니다.《가스펠 프로젝트》는 쉬우면서도 결코 피상적이지 않습니다. 믿음의 단계를 따라 하나님의 자녀들에게 꼭 필요한 복음의 진수를 맛보게 해 줄 것입니다. 이 체계적인 교재로 이 땅에 새로운 영적 르네상스가 일어나기를 기대합니다.

이동원 _ 지구촌교회 원로목사, 지구촌 미니스트리 네트워크 대표

성경은 그 깊이와 너비를 측량하기 어려운 광활한 바다입니다. 이 바다를 무턱 대고 항해하다 보면 장구한 역사의 파도와 다양한 문학 양식이라는 바람에 의해 표류하기 쉽습니다. 그런 점에서 《가스펠 프로젝트》는 참 훌륭한 나침반입니다. 건전한 교리를 바탕으로 성경 어디에서나 그리스도를 발견하도록 돕고, 복음이라는 항구에 이르도록 이끌어 줍니다. 말씀의 바다를 항해하는 모든 분들에게 큰 유익을 줄 것입니다. 기쁜 마음으로 추천합니다.

허요환 _ 안산제일교회 담임 목사

성경은 예수 그리스도를 중심으로 하는 하나님의 구원 이야기입니다. 성경을 가르치는 일은 하나님의 구원에 동참하는 하나님의 사람을 만드는 일이며, 하나님의 사람의 탁월한 모델은 바로 예수 그리스도입니다.《가스펠 프로젝트》는 예수 그리스도를 중심으로 성경을 배웁니다. 성경이 어떻게 그리스도와 연결되어 있는지, 또 성도의 삶이 그리스도를 중심으로 하는 하나님의 구원 계획에 어떻게 연결되어야 하는지 구체적으로 제시합니다.

특히《가스펠 프로젝트》는 하나의 본문을 각 연령에 맞게 구성한 교재를 제공해 하나의 본문으로 전 세대를 연결하고, 가정과 교회를 하나 되게 합니다. 신앙의 전수가 중요한 시대에 성도와 교회와 가정이 한마음으로 다음 세대를 준비시키기에 적합합니다. 특히 가정에서 부모가 자녀와 말씀으로 대화를 나눌 수 있게 해 자녀 신앙 교육에 도움이 될 것입니다.

《가스펠 프로젝트》가 주일학교부터 장년에 이르기까지 전 교회와 성도의 각 가정에서 사용되어 예수 그리스도를 통한 하나님의 가스펠 프로젝트가 성취되기를 기도하면서 기쁨과 확신으로 추천합니다.

이재훈 _ 온누리교회 담임 목사

✛ 《가스펠 프로젝트》는 성경을 예수 그리스도 중심으로 심도 있게 살피도록 도우면서, 또한 그것을 이야기 형식으로 제시하며 실질적으로 적용하도록 이끄는 탁월함이 보입니다. 이는 청소년들이 자연스럽게 주변 또래들에게 자신이 경험한 예수 그리스도와 복음에 대해 나눌 수 있게 합니다.
왕동식 _ 서울YFC(십대선교회) 대표, 청소년사역자협의회 회장

✛ 《가스펠 프로젝트》는 복음주의적인 관점에서 성경을 이해하며 성경적 가치관을 형성하는 데 큰 도움을 줍니다. 특히 예수 그리스도를 모든 과에서 그 중심에 두어 구속사적으로 이해할 수 있도록 돕습니다. 또한 각 과별 주제도 친근할 뿐 아니라 다음 세대의 눈높이에 맞추고 있어서 적극 추천합니다.
황성건 _ (사)청소년선교횃불 대표, 소금과빛 국제학교 운영 이사

✛ 《가스펠 프로젝트》는 하나님의 말씀으로 우리를 초청해서 예수 그리스도를 만나게 하고 사랑하게 만드는 훌륭한 교재입니다. 자녀들이 교회 학교에서, 부모들이 소그룹에서 말씀을 공부한 후에 저녁 식탁에 둘러앉아 예수님에 대해 함께 나눌 수 있다는 것은, 상상만 해도 너무나도 멋지고 복된 일입니다.
김지철 _ 전 소망교회 담임 목사

✛ 《가스펠 프로젝트》를 펼치는 순간 가슴이 뛰었습니다. 이 시대를 살아가는 모든 그리스도인에게 꼭 필요한 성경의 핵심적 내용을 쉬우면서도 흥미롭게 펼쳐 내면서 성경을 깊이 알아 가는 기쁨과 구체적인 적용을 돕고 있기 때문입니다. 무엇보다도 가장 뛰어난 점은, 성경의 중심이 되는 예수님을 충실하게 드러낸다는 점입니다. 그러므로 복음 프로젝트를 성실하게 따라가다 보면 예수님을 통해 완성하시는 하나님의 구원 역사 프로젝트가 드러날 것이고, 나아가 하나님 나라가 우리 삶에 한층 가까워질 것입니다. 이 시리즈를 통해 체계적인 '가정 제자 훈련'과 '성경 공부'를 정착시키는 가운데 한국 교회와 이민 교회에 거룩한 부흥의 불길이 일어나길 기대합니다.
류응렬 _ 와싱톤중앙장로교회 담임 목사, 고든콘웰신학대학원 객원 교수

✛ 성경이 가르치는 구원의 도리인 교리를 성경 본문을 통해 배우기가 쉽지 않기 때문에 좋은 안내서가 필요합니다. 《가스펠 프로젝트》는 이와 같은 역할을 탁월하게 수행하고 있기 때문에 기쁜 마음으로 추천합니다.
이성호 _ 고려신학대학원 역사신학 교수

✛ 사역 현장에서는 하나님의 말씀을 효율적으로 가르칠 수 있는 좋은 방법과 교재에 늘 목말라합니다. 그런 점에서 그 필요를 잘 충족해 줄 교재가 출간되어 기쁜 마음으로 추천합니다.
김운용 _ 장로회신학대학교 실천신학 교수

일러두기

❶ INTRO

'HIS STORY'에서 다룰 내용을 간략히 소개하면서 시작합니다. '성경 말씀'에서는 해당 성경 구절을, '포인트'에서는 핵심 내용을, '등장인물'에서는 본문에 누가 나오는지를, '메시지 좌표'에서는 본문에서 다루는 내용을 소개합니다.

❷ HIS STORY

하나님이 구속사에서 행하신 역사에 초점을 맞춰 성경을 살펴봅니다. 본문과 연결되는 기독교 핵심 교리를 소개하는 '알짬 교리 99', 성경을 시간 순서대로 바라보도록 그림과 함께 정리한 '연대표', 본문과 주제가 어떻게 예수 그리스도를 가리키는지 그 상관성을 살피는 '그리스도와의 연결'이 있습니다.

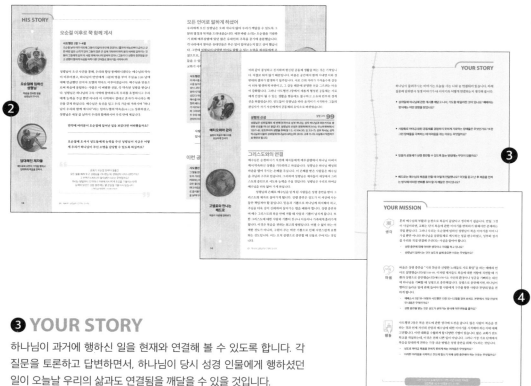

❸ YOUR STORY

하나님이 과거에 행하신 일을 현재와 연결해 볼 수 있도록 합니다. 각 질문을 토론하고 답변하면서, 하나님이 당시 성경 인물에게 행하셨던 일이 오늘날 우리의 삶과도 연결됨을 깨달을 수 있을 것입니다.

❹ YOUR MISSION

하나님의 이야기가 우리 삶에 어떤 변화를 일으킬 수 있는지를 보게 합니다. 단순한 성경 지식 공부를 넘어서, 사명감을 가지고 이 세상을 살아가라는 하나님의 부르심을 깨닫는 시간이 될 것입니다.

가스펠 프로젝트 홈페이지
gospelproject.co.kr에서
다양한 자료를 만나 볼 수 있습니다.

능력을 주시는 성령님

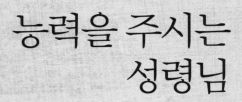

사도행전

사도행전

2장 38~40절

베드로가 이르되 너희가 회개하여 각각 예수 그리스도의 이름으로 세례를 받고
죄 사함을 받으라 그리하면 성령의 선물을 받으리니 이 약속은 너희와 너희 자녀와
모든 먼 데 사람 곧 주 우리 하나님이 얼마든지 부르시는 자들에게 하신 것이라 하고
또 여러 말로 확증하며 권하여 이르되 너희가 이 패역한 세대에서 구원을 받으라 하니

01
약속된 성령님이 드디어 오시다

성경 말씀   사도행전 2장 1~4, 32~47절

포 인 트   하나님은 복음을 전하면서 성령님을 의지하라고 말씀하신다.

등 장 인 물   성령님(삼위일체의 제3위격)
제자들(예수님을 따라 주님의 사역에 동참하며, 다른 사람에게 복음을
전하도록 선택된 첫 번째 무리)

메시지 좌표   오순절이 다가오자 예수님은 자신의 대관식에 참석하는 왕처럼 예루살
렘에 도착하셨습니다. 예루살렘 전체가 그분을 유대인의 왕으로 환영했
습니다. 그러나 불과 며칠 후에 '왕'이란 팻말 아래 십자가에 못 박혀 죽으
셨고, 사흘 후에 부활하셨습니다. 제자들은 당시 일어난 모든 일에 당황
한 듯합니다. 그들의 기대에 못 미치는 일이 일어났기 때문입니다. 예루
살렘은 여전히 로마의 지배 아래 있었고, 이스라엘은 압제로부터 자유를
얻지 못했던 것입니다. 그럼에도 불구하고 훨씬 큰 사건이 일어났습니다.
제자들은 죽음에서 부활하신 예수님과 같이 식사하고 대화하고 그분의
상처도 만져 보았습니다. 영화로운 몸을 가지신 예수님과 그분이 승천하
시는 모습을 보았고, 동일한 모습으로 다시 오실 것이라는 약속도 받았습
니다. 그러나 그전에 예수님이 약속하신 성령님이 오실 것입니다.

오순절 이후로 쭉 함께 계셔

> **사도행전 2장 1~4절**
> 오순절 날이 이미 이르매 그들이 다같이 한곳에 모였더니 홀연히 하늘로부터 급하고 강한 바람 같은 소리가 있어 그들이 앉은 온 집에 가득하며 마치 불의 혀처럼 갈라지는 것들이 그들에게 보여 각 사람 위에 하나씩 임하여 있더니 그들이 다 성령의 충만함을 받고 성령이 말하게 하심을 따라 다른 언어들로 말하기를 시작하니라

성령님이 오신 사건을 통해, 우리와 항상 함께하시겠다는 예수님의 약속이 이루어졌고, 하나님이 만민에게 그분의 영을 부어 주실(욜 2:28) 날에 대해 언급했던 선지자 요엘의 약속도 이루어졌습니다. 예수님을 믿음으로써 복음에 응답하는 사람은 이 비범한 선물, 즉 약속된 성령을 받습니다. 성령님은 하나님의 구속 사역에 참여하도록 우리를 초청하시고 우리에게 능력을 주실 뿐만 아니라 이 사역에서 절대로 혼자가 아니라는 확신을 갖게 하십니다. 예수님은 육신을 입고 우리 가운데 거하시며 "하나님이 우리와 함께 계시다"라는 임마누엘의 약속을(마 1:23) 성취하셨고, 성령님은 세상 끝 날까지 우리와 함께하시며 우리 안에 계십니다.

만약에 오순절에 일어난 일을 직접 보게 되면 어떤 기분이 들까요?

성령님은 오순절에 오셔서 성도들에게 능력을 주셨는데, 그렇다면 지금은 어떻게 하나님이 주신 소명을 감당하도록 해 주실까요?

오순절에 임하신 성령님

복음을 전파할 힘을 성령님이 주시다.

담대해진 제자들

베드로와 요한이 기적을 행하고 담대하게 복음을 전하다.

> 교회는 오순절 전부터 열흘간 모든 일을 제쳐 두고
> 성령님을 기다렸습니다.
> 성령님이 오순절 전까지 나타나지 않으셨던 이유는 무엇일까요?
> 우리는 방법이나 조직이나 자원보다
> 능력의 원천인 성령 충만에 관심을 기울여야 합니다.
> J. 허드슨 테일러 J. Hudson Taylor

모든 언어로 말하게 하셨어

우리에게 오신 성령님은 오래 지나지 않아 우리가 깨달을 수 있도록 그분의 열정과 목적을 드러내셨습니다. 세찬 바람 소리는 오순절을 기념하기 위해 예루살렘에 모여 있던 많은 유대인의 주목을 끌기에 충분했습니다. 각 나라에서 찾아온 유대인들은 무슨 일이 일어났는지 알고 싶어 했습니다. 그런데 성령님이 다양한 언어로 말할 수 있는 능력을 제자들에게 주셨으므로, 유대인들은 각기 자신들의 언어로 예수님에 관한 좋은 소식을 들을 수 있었습니다. 성령으로 충만했던 베드로는 사람들 앞에 서서 설교하기 시작했습니다.

**나눔 공동체가 된
초대교회**

연합과 관대함을
교회가 보여 주다.

> **사도행전 2장 32~40절**
> 이 예수를 하나님이 살리신지라 우리가 다 이 일에 증인이로다 하나님이 오른손으로 예수를 높이시매 그가 약속하신 성령을 아버지께 받아서 너희가 보고 듣는 이것을 부어 주셨느니라 다윗은 하늘에 올라가지 못하였으나 친히 말하여 이르되 주께서 내 주에게 말씀하시기를 내가 네 원수로 네 발등상이 되게 하기까지 너는 내 우편에 앉아 있으라 하셨도다 하였으니 그런즉 이스라엘 온 집은 확실히 알지니 너희가 십자가에 못 박은 이 예수를 하나님이 주와 그리스도가 되게 하셨느니라 하니라 그들이 이 말을 듣고 마음에 찔려 베드로와 다른 사도들에게 물어 이르되 형제들아 우리가 어찌할꼬 하거늘 베드로가 이르되 너희가 회개하여 각각 예수 그리스도의 이름으로 세례를 받고 죄 사함을 받으라 그리하면 성령의 선물을 받으리니 이 약속은 너희와 너희 자녀와 모든 먼 데 사람 곧 주 우리 하나님이 얼마든지 부르시는 자들에게 하신 것이라 하고 또 여러 말로 확증하며 권하여 이르되 너희가 이 패역한 세대에서 구원을 받으라 하니

사랑하는 마음 때문에 잠잠할 수 없어서 그러한 마음을 이야기해 본 적이 있나요?

첫 번째 순교자

스데반이 자신의 삶과 죽음으로
예수님을 드러내다.

이런 공동체, 그때가 처음이었어

> **사도행전 2장 41~47절**
> 그 말을 받은 사람들은 세례를 받으매 이날에 신도의 수가 삼천이나 더하더라 그들이 사도의 가르침을 받아 서로 교제하고 떡을 떼며 오로지 기도하기를 힘쓰니라 사람마다 두려워하는데 사도들로 말미암아 기사와 표적이 많이 나타나니 믿는 사람이 다 함께 있어 모든 물건을 서로 통용하고 또 재산과 소유를 팔아 각 사람의 필요를 따라 나눠 주며 날마다 마음을 같이하여 성전에 모이기를 힘쓰고 집에서 떡을 떼며 기쁨과 순전한 마음으로 음식을 먹고 하나님을 찬미하며 또 온 백성에게 칭송을 받으니 주께서 구원받는 사람을 날마다 더하게 하시니라

이와 같이 풍성하고 진지하며 헌신된 공동체 생활을 하는 것은 기적입니다. 저절로 되지 않기 때문입니다. 비좁은 공간에서 함께 지내면 이와 정반대의 결과가 발생하기 일쑤입니다. 서로 간의 거리가 가까울수록 갈등이 더욱 발생하게 마련이고, 그 갈등 때문에 분명한 선을 그으려는 마음이 강화됩니다. 그러나 사도행전 2장에서 새롭게 형성된 공동체는 서로에게 간섭이 될 수 있는 생활을 했음에도 불구하고 소유와 빈부의 경계선을 허물었습니다. 성도들이 성령님을 따라 움직이기 시작하자 그들의 관심사가 자기 자신에게서 공동체의 유익으로 바뀌었습니다.

성령의 신성   알짬 교리 99

성령님은 삼위일체의 세 번째 위격으로 성부 하나님, 성자 하나님과 마찬가지로 충만한 신성을 지니신 분입니다. 성령님의 신성은 영원하며(히 9:14), 무소부재하며(시 139:7~8), 창조주이자 생명을 주며(창 1:2; 시 104:30; 요 3:5~7), 성부 하나님, 성자 하나님과 더불어 삼위일체 하나님이시라는(마 28:19; 고후 13:13) 사실에서 직접적으로 확인됩니다.

에티오피아인 여행자

빌립이 복음의 메시지를
충실하게 전하다.

그리스도와의 연결

예수님은 승천하시기 직전에 제자들에게 예루살렘에서 하나님 아버지께서 약속하신 성령을 기다리라고 하셨습니다. 성령님은 하나님 백성의 마음을 열어 주시는 은혜를 주십니다. 이 은혜를 받은 사람들은 예수님을 주님과 구주로 믿습니다. 그리하여 성령님은 제자들이 세상에서 그리스도의 증인으로 서도록 능력을 주실 것입니다. 성령님은 우리로 하여금 예수님을 더욱 닮아 가게 하십니다.

성령님의 은혜로 예수님을 믿게 된 사람들은 성령 충만을 받아 그리스도의 제자로 살아가게 됩니다. 성령 충만은 성도가 이 세상에 사는 동안 책임져야 할 몫입니다. 믿음과 기쁨으로 하나님께 의지해야 하고, 주님을 더욱 깊이 신뢰하며 살아가는 법을 배워야 합니다. 성령 충만하여 예수 그리스도의 복음 안에 거할 때 사랑과 기쁨이 넘치게 됩니다. 또한 그리스도에 대한 사랑과 기쁨이 친구나 이웃이나 가족에게 흘러가게 됩니다. 이것은 복음을 전하는 최고의 방법입니다. 어쩔 수 없이 하는 어색한 전도가 아니라, 구원이 주는 벅찬 기쁨으로 인해 자연스럽게 표현되는 전도입니다. 이는 오직 성령으로 충만할 때 선물로 주어지는 것입니다.

고넬료와 만나는 베드로

복음이 이방에 전파되다.

하나님이 들려주시는 이야기는 오늘을 사는 나와 늘 연결되어 있습니다. 아래 질문에 답하면서 성경 이야기가 내 이야기와 어떻게 연결되는지 생각해 봅시다.

▶ 삼위일체 하나님에 관한 계시를 깨닫고 나서, 기도할 때 달라진 것이 있나요? 예배하는 방식에는 어떤 영향을 받았나요?

▶ 사람들로 하여금 참된 공동체를 경험하지 못하게 가로막는 장애물은 무엇인가요? 또한 그런 장애물을 극복하기 어려운 이유는 무엇일까요?

▶ 믿음의 공동체가 성령 충만할 수 있도록 돕는 방법에는 무엇이 있을까요?

▶ 베드로는 예수님의 복음을 어떻게 전달했나요? 베드로의 말을 듣고 난 후 복음을 전하는 여러분의 방식에 어떠한 변화를 줘야 할지 깨달은 것이 있나요?

하나님의 이야기
하나님이 그분의 아들
예수 그리스도를 통해
우리를 구속해 주신 이야기

우리의 이야기
우리의 이야기가
하나님의 이야기와
만나는 곳

YOUR MISSION

생각

흔히 예수님의 부활과 승천으로 복음이 끝났다고 생각하기 쉽습니다. 만일 그것이 사실이라면, 교회는 단지 복음에 관한 이야기를 반복하기 위해서만 존재하는 것일 뿐입니다. 그러나 우리는 오순절에 임하신 성령님이 복음 이야기를 이어 나가실 뿐만 아니라 하나님을 삼위일체로 계시하는 일을 완수하셨고, 성부와 성자를 우리와 직접 연결해 주신다는 사실을 알아야 합니다.

- 성령 충만에 대해 어떠한 생각이나 기대를 하고 있나요?
- 성령님이 임하시는 것이 성도의 삶에 중요한 이유는 무엇일까요?

마음

바울은 성령 충만을 "시와 찬송과 신령한 노래들로 서로 화답"을 하는 예배의 언어로 설명했습니다(엡 5:18~19). 이처럼 제자들도 복음에 대한 저항에 직면할 때 기쁨과 성령으로 충만했습니다(행 13:50~52). 자신의 환경이나 성공을 기뻐하는 대신에 하나님을 기뻐할 때 성령으로 충만해집니다. 성령으로 충만해지면, 하나님이 행하신 놀라운 일에 관해 들어야 할 사람에게 구주를 향한 사랑과 찬양의 말을 전하게 됩니다.

- 에베소서 5장 18~19절과 사도행전 13장 50~52절을 읽어 보세요. 본문에서 가장 인상적인 내용은 무엇인가요?
- 성령 충만을 받는 것은 성도가 살아가는 방식에 어떤 변화를 줄까요?

행동

사도행전 2장은 복음 전도에 관한 생각에 도전을 줍니다. 많은 사람이 복음을 꼭 전해야 하는지, 또한 언제 자신의 신앙과 예수님에 대한 이야기를 시작해야 하는지에 대해 고민합니다. 이런 대화를 수월하게 할 다양한 기법이 있습니다. 많은 교회가 전도 학교를 개설하는데, 이것은 전혀 나쁜 일이 아닙니다. 그러나 가장 기초 단계에서 복음을 담대하게 전하는 가장 쉬운 방법은 성령 충만을 위해 기도하는 것입니다.

- 성도로 하여금 복음을 전하지 못하도록 방해하는 것에는 무엇이 있나요?
- 이러한 문제를 극복하고 전도에 힘쓰기 위해 먼저 성령 충만해야 하는 이유는 무엇일까요?

> 다음 모임까지 느헤미야 11~13장; 시편 126편; 106편;
> 요한복음 1장 4~14절을 읽어 보세요.

02
성령님과 함께하니 두렵지 않아

성 경 말 씀 ── 사도행전 3장 1~10절; 4장 5~31절

포 인 트 ── 그리스도인들이 믿음 안에서 담대할 때 복음이 퍼져 나간다.

등 장 인 물 ── 성령님(삼위일체의 제3위격)

베드로(본명은 시몬이고, 안드레의 형제임. 유대인의 사도로 알려짐)

요한(요한복음, 요한일서, 요한이서, 요한삼서, 요한계시록의 저자. 예수님이 '사랑하시던 제자'로 유명함)

대제사장과 장로들과 서기관들(예수님 당시에 예루살렘의 성전 예배를 주관하며 유대교의 율법과 성경 해석을 담당했던 영적, 정치적 저명인사들임)

메시지 좌표 ── 성령님이 실제로 임하시자 제자들의 삶이 변하기 시작했습니다. 전에는 소심했지만, 복음을 담대하게 전했고 심지어는 복음과 사역의 진정성을 입증하는 기적까지 행했습니다. 그 기적 가운데 한 가지에 초점을 맞추고 그 결과가 어떠했는지를 2과에서 살펴볼 것입니다.

우리 베드로가 달라졌어요

담대해진 제자들

베드로와 요한이 기적을 행하고
담대하게 복음을 전하다.

사도행전 3장 1~10절

제 구 시 기도 시간에 베드로와 요한이 성전에 올라갈새 나면서 못 걷게 된 이를 사람들이 메고 오니 이는 성전에 들어가는 사람들에게 구걸하기 위하여 날마다 미문이라는 성전 문에 두는 자라 그가 베드로와 요한이 성전에 들어가려 함을 보고 구걸하거늘 베드로가 요한과 더불어 주목하여 이르되 우리를 보라 하니 그가 그들에게서 무엇을 얻을까 하여 바라보거늘 베드로가 이르되 은과 금은 내게 없거니와 내게 있는 이것을 네게 주노니 나사렛 예수 그리스도의 이름으로 일어나 걸으라 하고 오른손을 잡아 일으키니 발과 발목이 곧 힘을 얻고 뛰어 서서 걸으며 그들과 함께 성전으로 들어가면서 걷기도 하고 뛰기도 하며 하나님을 찬송하니 모든 백성이 그 걷는 것과 하나님을 찬송함을 보고 그가 본래 성전 미문에 앉아 구걸하던 사람인 줄 알고 그에게 일어난 일로 인하여 심히 놀랍게 여기며 놀라니라

베드로가 걸으라고 하자, 지금까지 걷지 못하던 사람이 일어나 뛰며 하나님을 찬양했습니다. 기적을 보고 몰려든 사람들을 향해 베드로는 예수님이 십자가에 못 박혔다가 부활하신 메시아이시며, 바로 그분의 이름으로 치유가 일어났다고 설교했습니다(행 3:11~26).

당시 종교 지도자들의 심문에 대한 베드로의 답변은 혁명적이었습니다(행 4:5~12). 그는 혼자만 살려고 하거나 모른다고 잡아떼거나 예수님의 이름이 조금만 거론되게 할 수 있었습니다. 베드로는 전에 심하게 예수님을 부인했던 사람입니다. 대신에 그는 정면으로 부딪쳤습니다. 그는 예수님에 대한 그들의 증오에 맞서서 그들이 메시아를 죽였다고 분명히 비난했습니다. 베드로는 자신이 영웅이 되려고 그처럼 담대하게 맞선 것이 아니었습니다. 그는 예수님이 어떤 분이신지에 관한 진리를 전했습니다. 즉 예수님은 모든 창조의 초석이시자 구원의 유일한 원천이심을 밝힌 것입니다. 베드로는 자신의 논지를 증명하려고 하기보다 예수님을 가리키려고 했습니다. 이것은 영적 담대함과 무지함을 구별하는 요소입니다. 베드로는 성령 충만한 증언을 함으로써 예수님 중심의 예배를 드리도록 이끌었습니다.

만약 여러분이 베드로라면 종교 지도자들의 질문에 어떻게 대답했을까요? 예수님이 유일한 구원자이심을 믿나요?

나눔 공동체가 된
초대교회

연합과 관대함을
교회가 보여 주다.

아무리 겁줘도 소용없어

예수님을 깎아내리려는 압력을 이겨 내기 위해서는 세 가지가 필요합니다. 첫째, 예수님께 시선을 고정해야 합니다. 예수님이 누구시며, 그분의 삶과 죽음과 부활이 우리에게 무엇을 가져다주었는지 집중해야 합니다. 둘째, 하나님의 백성끼리 모여야 합니다. 교회에서 모일 때 하나님 나라의 시민인 것과 현재 속한 나라와 다른 권위 아래 있음을 기억해야 합니다. 셋째, 성령으로 충만하여 담대해야 합니다. 사도행전 4장 19~22절에 따르면, 베드로와 요한은 바로 그 시간을 위해 준비가 되어 있었습니다. 성령으로 충만했던 그들은 자신들을 억압하는 자들에게 믿음과 담대함으로 대응했고, 유대 지도자들을 만족시키기 위해 예수님을 부인하기를 거부했습니다.

기도할수록 더욱 담대해지기

여기서 우리는 담대한 기도와 담대한 사역은 서로 밀접하게 연관되어 있다는 중요한 사실을 발견하게 됩니다. 비록 과거에 부당하게 감금된 적

첫 번째 순교자

스데반이 자신의 삶과 죽음으로
예수님을 드러내다.

에티오피아인 여행자

빌립이 복음의 메시지를
충실하게 전하다.

이 있었지만, 교회는 성령 충만함으로 사역의 승리를 맛본 후, 뜨겁게 기도하며 하나님을 찾게 되었습니다. 이 그리스도인들은 자신들 가운데 일어났던 치유와, 유대 지도자에게 담대히 맞섰던 일과, 사람들이 보인 호의가 모두 하나님의 역사였다는 것, 좀 더 구체적으로는 성령의 역사였음을 인식했습니다. 교회는 하나님을 따르고자 했고, 하나님이 계속 역사해 주시기를 간구했습니다. 그들은 예수님의 이름으로 치유와 기적이 지속되기를 기도했습니다.

초대교회 성도들처럼 담대하게 기도하는 사람의 삶은 어떻게 달라질까요?

고넬료와 만나는 베드로

복음이 이방에 전파되다.

성령의 인격성

알짬 교리 **99**

성경은 성령님의 온전한 신성뿐 아니라 인격으로서의 지위도 단언합니다. 많은 사람이 성령님을 인격이 아닌 힘이나 능력으로 오해해 왔습니다. 그러나 성경은 성령님이 인격을 가진 분으로 대우받으시고(행 5:3; 7:51; 히 10:29), 인격을 가진 분으로 행동하시며(요 14:26; 15:26; 롬 8:14), 인격을 가진 분으로서 태도를 취하시며(고전 2:10~11; 엡 4:30), 인격적인 방식으로 행동하신다는(사 63:10; 행 13:2) 점을 들어 성령님의 인격으로서의 지위를 확인합니다. 이 외에도 성경은 그리스도인이 성령님과 인격적인 관계를 맺는다는 점을 확증하고 있습니다(행 5:3~4; 7:51).

그리스도와의 연결

성령님이 오시자 제자들은 주님이자 구원자이신 예수님을 선포하기 시작했습니다. 그들은 예수님의 이름으로 기적을 행함으로써 하나님 나라의 권능을 세상에 보였습니다. 제자들은 세상의 권위자들과 맞닥뜨렸을 때 예수님에 대한 충성심을 재확인했고, 예수님이 능히 구원하신다는 확신으로 복음을 계속 선포했습니다.

박해자에서 복음 설교자로

그리스도인을 박해하던 바울이 부활하신 그리스도를 만나고 영원히 변화되다.

> "
> 우리 가슴이 열방의 창조주와 함께 뛰기 시작하면,
> 더 이상 침묵할 수 없게 됩니다.
> 로드니 M. 우 Rodney M. Woo
> "

하나님이 들려주시는 이야기는 오늘을 사는 나와 늘 연결되어 있습니다. 아래 질문에 답하면서 성경 이야기가 내 이야기와 어떻게 연결되는지 생각해 봅시다.

▶ 구원에 이르는 길이 오직 예수님뿐이라고 전할 때 어떤 위험을 만나게 될까요?

▶ 복음을 전할 때 어떤 태도와 행동을 피해야 할까요?

▶ 복음을 전한다는 이유로 통제와 압박을 받아본 적이 있나요?

▶ 눈앞에 닥친 문제를 해결하기 위해서나 사역을 준비할 때 기도해야 하는 이유는 무엇일까요?

하나님의 이야기
하나님이 그분의 아들
예수 그리스도를 통해
우리를 구속해 주신 이야기

우리의 이야기
우리의 이야기가
하나님의 이야기와
만나는 곳

YOUR MISSION

생각

각자에게 맡겨진 사역을 위해 기도할 때 제자들의 뒤를 따를 수 있습니다. 실제 사역하는 것만큼이나 진지하게 기도함으로써 사역을 제대로 할 수 있게 됩니다. 그 사역은 찬양, 구제, 설교 혹은 복음 전파 등이 될 수 있을 것입니다. 담대한 사역을 위해서는 담대한 기도가 필요합니다. 즉 담대한 기도가 담대한 사역을 가능하게 합니다.

- 공동체나 교회에서 하나님의 능력과 담대함을 간구하지 못하게 막는 것은 무엇인가요?
- 매일 체계적인 기도 생활을 위해서 필요한 것은 무엇일까요?

마음

사도행전 4장에는 놀라운 관점이 등장합니다. 본문의 그리스도인들은 하나님의 사역이 훨씬 오래전에 시작되었고, 자신들은 하나님의 원대한 이야기에 참여하고 있을 뿐이라는 사실을 깨달았습니다. 그들은 하나님이 위대하심을 알았기 때문에 겸손할 수 있었습니다. 더불어 하나님이 수 세기 동안 신실하게 일하셨음을 깨닫고 새 힘을 얻어 담대할 수 있었습니다. 지금까지 하나님이 모든 사역을 감당하셨고 앞으로도 주관하실 것을 알기에 그들은 부담을 가질 필요가 없었습니다.

- 하나님이 성경, 역사, 삶 가운데 행하신 일을 생각하면서 기도할 때 더욱 담대해질 수 있는 이유는 무엇인가요?
- 하나님이 행하시는 일을 끊임없이 기억하는 것이 날마다 담대한 삶을 살아가는 데 어떤 도움을 줄까요?

행동

초대교회의 성도와 마찬가지로 우리도 영적 저항을 받습니다. 목숨을 걸고 믿음을 지켜온 그리스도인이 분명히 있지만, 대부분은 목숨을 걸 만한 상황을 만나지 못했습니다. 물론 우리는 복음을 믿지 않는 문화와 친구와 이웃과 가족에게 비웃음이나 조롱이나 거절을 당할 것을 감수해야 합니다. 반대에 부딪힐 때 자신이 옳다는 것을 증명하려고 할 수 있지만, 베드로와 요한이 유대교 지도자들에게 보여주었던 태도를 기억해야 합니다. 베드로는 논쟁에서 이기려고 노력하기보다는, 자신이 진리라고 알고 있는 사실을 선포했습니다. 예수님이 모퉁잇돌이시며 구원은 오직 예수님의 이름으로만 얻을 수 있다는 사실을 당당히 말했습니다.

- 그리스도인이 예수님께 절대적으로 충성하면 어떻게 될까요?
- 내가 복음을 받아들이고 믿게 된 이야기가 다른 사람이 복음을 받아들이는 일에 어떤 도움을 줄 수 있을까요?

다음 모임까지 **마태복음 1~2장; 누가복음 1~2장**을 읽어 보세요.

03
베푸는 게
기쁨이야

성 경 말 씀 사도행전 4장 32절~5장 11절

포 인 트 하나님은 믿는 사람이 서로 연합하고 관대하라고 하신다.

등 장 인 물 성령(삼위일체의 제3위격)
바나바(구브로 출신의 레위족 사람임. 자신의 밭을 팔아 얻은 수익금을
예루살렘 교회에 헌금했으며, 선교 여행에 여러 번 참여했음)
아나니아와 삽비라(물질적으로나 영적으로나 욕심이 많은 부부임. 교회
에 헌금할 때 하나님과 사도들에게 거짓말을 함)

메시지 좌표 예수님은 그분을 믿는 모든 사람과 상속을 나누기 위해 하늘의 풍성함을
버려두고 우리를 위해 아낌없이 주는 본을 보여 주셨습니다. 성령님의 인
도하심에 순종했던 초기 그리스도인들은 자신들이 가진 것을 가난한 사
람들에게 나누었고 후히 주었습니다. 그러나 아나니아와 삽비라는 교회
와 성령을 속이는 죄를 지었습니다. 성령님은 후하게 베푸는 마음에서 우
러나온 나눔과, 탐욕적이고 기만적인 나눔을 구분하십니다.

**나눔 공동체가 된
초대교회**

연합과 관대함을
교회가 보여 주다.

첫 번째 순교자

스데반이 자신의 삶과 죽음으로
예수님을 드러내다.

억지로는 할 수 없는 일이 있어

> **사도행전 4:32~35**
> 믿는 무리가 한마음과 한뜻이 되어 모든 물건을 서로 통용하고 자기 재물을 조금이라도 자기 것이라 하는 이가 하나도 없더라 사도들이 큰 권능으로 주 예수의 부활을 증언하니 무리가 큰 은혜를 받아 그중에 가난한 사람이 없으니 이는 밭과 집 있는 자는 팔아 그 판 것의 값을 가져다가 사도들의 발 앞에 두매 그들이 각 사람의 필요를 따라 나누어 줌이라

오해하지 않는 것이 중요합니다. 본문은 가난하게 살라거나, 모든 소유를 팔아 가난한 사람에게 나누어 주라고 강요하는 것이 아닙니다. 강요가 아니라 초청입니다. 여기에 등장하는 새로운 그리스도인들은 새로운 가족이 되었습니다. 그들은 도움이 필요한 사람이 있으면 관대하게 대했습니다. 필요한 것보다 더 많이 가진 부유한 사람들은 그들의 소유를 팔아 새 가족들의 필요를 채워 주었습니다.

오늘날 교회와 공동체가 이처럼 온전히 베풀기 위해서는 어떻게 해야 할까요?

돈으로 은혜를 살 수 있다고 생각한다면

> **사도행전 4장 36절~5장 2절**
> 구브로에서 난 레위족 사람이 있으니 이름은 요셉이라 사도들이 일컬어 바나바라(번역하면 위로의 아들이라) 하니 그가 밭이 있으매 팔아 그 값을 가지고 사도들의 발 앞에 두니라 아나니아라 하는 사람이 그의 아내 삽비라와 더불어 소유를 팔아 그 값에서 얼마를 감추매 그 아내도 알더라 얼마만 가져다가 사도들의 발 앞에 두니

아나니아와 삽비라의 문제는 그들이 땅값의 일부만 바쳤다는 데에 있지 않습니다. 그들이 마치 전부를 바친 것처럼 속였다는 데에 있습니다. 아나니아와 삽비라의 거짓말 가운데 그들의 마음이 여실히 드러났습니다. 그들은 후하게 베푸는 마음이 아니라 탐욕스러운 마음으로 나누었고, 그들의 탐욕은 단순히 물질적인 것만이 아니라 영적이기도 했습니다. 그들은 철저히 베풀 줄 아는 사람으로 보이기 위해서 나누고자 했습니다. 사람들의 칭송을 바랐던 것입니다.

성령을 속일 수 없어

사도행전 5장 3~11절

베드로가 이르되 아나니아야 어찌하여 사탄이 네 마음에 가득하여 네가 성령을 속이고 땅값 얼마를 감추었느냐 땅이 그대로 있을 때에는 네 땅이 아니며 판 후에도 네 마음대로 할 수가 없더냐 어찌하여 이 일을 네 마음에 두었느냐 사람에게 거짓말한 것이 아니요 하나님께로다 아나니아가 이 말을 듣고 엎드러져 혼이 떠나니 이 일을 듣는 사람이 다 크게 두려워하더라 젊은 사람들이 일어나 시신을 싸서 메고 나가 장사하니라 세 시간쯤 지나 그의 아내가 그 일어난 일을 알지 못하고 들어오니 베드로가 이르되 그 땅 판 값이 이것뿐이냐 내게 말하라 하니 이르되 예 이것뿐이라 하더라 베드로가 이르되 너희가 어찌 함께 꾀하여 주의 영을 시험하려 하느냐 보라 네 남편을 장사하고 오는 사람들의 발이 문 앞에 이르렀으니 또 너를 메어 내가리라 하니 곧 그가 베드로의 발 앞에 엎드러져 혼이 떠나는지라 젊은 사람들이 들어와 죽은 것을 보고 메어다가 그의 남편 곁에 장사하니 온 교회와 이 일을 듣는 사람들이 다 크게 두려워하니라

속임수가 발각되자 아나니아가 그 자리에서 죽었습니다. 이어서 그의 아내도 똑같이 되었습니다. 너무 가혹한 처벌이라고 생각할 수 있습니다. 하지만 이는 그들의 죄가 얼마나 심각한지를 보여 주는 것이며, 우리의 죄에도 마찬가지로 적용될 것입니다. 돈 계산의 잘못이 문제가 아닙니다. 사실, 금액과는 상관없는 일입니다. 문제는 연합과 신뢰와 친밀감을 파괴했다는 것이며, 하나님 가족 간의 연합이 중요하다는 것입니다.

복음 때문에 초대교회 성도는 희생적이고 후히 베푸는 삶을 살았고 그 풍성한 열매를 즐겼습니다. 필요 이상을 소유한 사람은 나눔의 기쁨을 누렸습니다. 도움이 필요한 사람은 그 필요가 충족되는 기쁨을 누렸습니다. 아나니아와 삽비라는 인정을 받고 싶었습니다. 더 구체적으로 말하자면, 그들은 실제로 희생한 것보다 더욱 인정을 받기 원했습니다. 그들은 바나바처럼 그들 역시 땅값을 전부 헌금했다고 사도들이 생각하기를 바랐습니다. 실제로 아나니아와 삽비라가 땅값을 전부 내놓거나 또는 일부만 헌금했다고 솔직히 말했더라면, 급사는 면했을 것입니다. 그들은 하나님의 영광이 아닌 자기 자신의 영광을 구했고, 교회의 유익이 아닌 자신의 유익을 추구했기에 심판을 받았습니다.

> 자신의 것을 다른 사람에게 후히 베풀지 못하는 것은
> 우리 자산이, 사실 우리 것이 아니라
> 하나님의 것임을 인정하지 않는 것과 같습니다.
> 팀 켈러 Timothy Keller

에티오피아인 여행자

빌립이 복음의 메시지를
충실하게 전하다.

**고넬료와 만나는
베드로**

복음이 이방에 전파되다.

**박해자에서
복음 설교자로**

그리스도인을 박해하던 바울이
부활하신 그리스도를 만나고
영원히 변화되다.

**초기 선교사들의
사역**

바울과 바나바가
열방에 교회를 세우기 시작하다.

사회적 관심

모든 그리스도인은 자신의 삶과 인간 사회에서 그리스도의 뜻을 최우선으로 삼아야 할 의무가 있습니다. 사회를 개선하고, 사람들 사이에 의로움을 세우기 위한 수단과 방법은 그것들이 예수 그리스도 안에 있는 하나님의 구원의 은혜로 말미암아 거듭난 한 사람 한 사람 안에 뿌리를 박고 있을 때만 진정으로, 그리고 영구적으로 도움이 될 수 있습니다. 그리스도의 정신에 따라, 그리스도인은 인종 차별, 모든 형태의 탐욕, 이기심, 악덕, 그리고 간음과 동성애와 포르노를 포함한 모든 형태의 성적 부도덕에 저항해야 합니다. 우리는 고아, 가난한 자, 학대받는 자, 노인, 무력한 자 그리고 병자의 필요를 채워 주기 위해 노력해야 합니다. 우리는 태어나지 않은 태아들을 대변해야 하고, 잉태에서 자연적인 죽음에 이르기까지의 모든 인간 생명의 존엄성을 주장해야 합니다. 모든 그리스도인은 의와 진리와 형제애의 원칙을 따라 산업계, 정부, 사회가 전체적으로 움직이도록 노력해야 합니다. 이러한 목적을 위해서, 그리스도인은 그리스도와 그리스도의 진리를 따르는 데 있어서 타협하지 않으면서도 항상 사랑의 정신으로 정중하게 행동하면서 선한 목적으로 선한 뜻을 가진 모든 사람과 협력할 준비가 되어 있어야 합니다(미 6:8; 엡 6:5~9; 살전 3:12).

그리스도와의 연결

하나님이 세상을 창조하신 모습에서 볼 수 있듯이, 또한 수풀에 뿔이 걸린 숫양이나 유월절의 양이나 광야의 만나로 그분이 자신의 백성을 찾고 공급하시는 모습에서 볼 수 있듯이 우리는 풍요로운 세상에서 살고 있습니다. 물론, 예수님의 삶과 죽음과 부활에서도 하나님이 우리에게 풍성하게 베푸시는 모습을 볼 수 있습니다. 이러한 풍요로움 가운데에서는 무엇인가를 독차지하는 것보다 나누는 것이 더 큰 결실을 맺습니다. 우리가 본받아야 할 최고의 모범이신 예수님은 자신이 죽기까지 복종하심으로써 모든 이름 위에 뛰어난 이름으로 지극히 높임을 받으셨습니다(빌 2:5~11).

우리는 이러한 예수님을 본받아, 소유하는 것에 집착하는 대신에 자신의 것을 다른 사람에게 나누어 주고 예수님과 동일하게 다른 사람의 종이 되도록 초청을 받았습니다. 하나님은 교회와 세상에서 그분의 뜻과 영광을 위해 풍성하게 사용하도록 자신의 소유물을 내어 드릴 수 있게 우리를 초대하셨습니다. 우리 안에 계시는 성령님은 우리의 마음을 변화시켜 우리가 더 많이 갖는 것이 정당하다는 사실에 집착하지 않고 가난한 사람들에게 나누어 주며 예수님의 마음을 드러내도록 하심으로써 온전히 베풀게 하십니다.

하나님이 들려주시는 이야기는 오늘을 사는 나와 늘 연결되어 있습니다. 아래 질문에 답하면서 성경 이야기가 내 이야기와 어떻게 연결되는지 생각해 봅시다.

▶ 오늘날 교회에서 관대하게 베푸는 모습으로는 어떤 것이 있을까요?

▶ 예수님의 복음을 묵상하는 것은 어려움에 처한 사람에게 기쁜 마음으로 나누어 주도록 어떻게 우리를 이끌까요?

▶ 아나니아와 삽비라의 이야기는 비그리스도인에게 하나님에 관하여 어떤 오해를 줄 수 있을까요?

▶ 이런 오해를 푸는 데 도움을 주는 성경 진리에는 어떤 것이 있을까요?

하나님의 이야기
하나님이 그분의 아들
예수 그리스도를 통해
우리를 구속해 주신 이야기

우리의 이야기
우리의 이야기가
하나님의 이야기와
만나는 곳

YOUR MISSION

생각

우리가 경험하는 징계는 아나니아와 삽비라가 받은 심판과는 다른 것입니다. 징계는 구원을 위한 것이며, 회복을 위한 것이기 때문입니다. 그러나 죄에는 언제나 그 대가가 있고, 그로 인해 겪는 고통은 하나님이 우리를 정결하게 하며 빚어 가시는 한 가지 방법입니다. 성령님은 우리와 함께 그 고통을 견디며 우리를 치유하실 수 있습니다. 우리로 하여금 죄를 인식하게 하시고, 정결하게 될 수 있음을 깨닫게 해 주십니다.

- 다른 사람과의 나눔 가운데 부정직이 어떤 모습으로 스며들 수 있을까요?
- 어떻게 하면 부정직하게 나누는 것을 방지할 수 있을까요?

마음

아나니아와 삽비라의 문제는 잘못된 셈법에 있는 것이 아니라 잘못된 동기로 명성과 영광을 취하고자 추구했던 것에 있습니다. 성령 충만하기 원한다면, 성령님이 만나 주시고 일하시는 장소인 마음 중심에 세심한 주의를 기울여야 합니다. 자신의 마음 가운데 자기중심성, 이기심, 교만이 있음을 깨닫게 된다면 즉시 예수님께 돌이켜서 자신의 마음을 변화시켜 달라고 성령님께 간구해야 할 것입니다.

- 아나니아와 삽비라의 죽음은 교회의 정결에 관해 무엇을 깨닫게 해 주나요?
- 하나님의 백성은 교회의 순결을 유지하는 데 어떤 역할을 감당할까요?

행동

이 이야기는 두 가지를 강조합니다. 바로 그리스도의 몸인 교회가 가족으로서 서로 연합하는 것의 중요성과, 그리스도인이 마음과 삶으로 후히 베푸는 것의 중요성입니다. 앞에서 살펴보았듯이, 이 두 가지 중요한 진리는 분리되지 않습니다. 이미 심각한 개인주의와 탐욕으로 물든 문화에서 교회가 참으로 연합하기 위해서는 후히 베푸는 것이 필요합니다.

- 하나님의 가족이 된 축복을 경험해 본 적이 있나요?
- 온전히 베푸는 모습으로 인해 감동을 받은 성경 이야기가 있나요?

> 다음 모임까지 마태복음 3~6장; 마가복음 1~2장을 읽어 보세요.

03 베푸는 게 기쁨이야

04

스데반, 끝까지 예수님을 따르다

성경 말씀 — 사도행전 6장 8~15절; 7장 44~60절

포 인 트 — 하나님은 그리스도께 배운 대로 종의 태도를 취하라고 하신다.

등 장 인 물 — 성령님(삼위일체의 제3위격)
스데반(복음을 전하고, 선한 일을 했다는 이유로 돌에 맞아 죽은 초대교회 최초의 순교자)

메시지 좌표 — 제자의 수가 늘어나자 사도들은 교회에서 경건한 사람 일곱 명을 선별하여 그들이 과부들을 돌보게 했습니다. 그 가운데 한 명인 스데반은 믿음이 있고, 성령으로 충만한 사람이었습니다(행 6:5). 그는 백성 가운데서 큰 기사와 표적을 행했고, 예수님이 구약의 예언을 성취하셨다는 사실을 산헤드린 공회에 보여 주기도 했습니다. 스데반의 증언을 들은 유대교 지도자들은 격분하여 그를 성 밖으로 내치고 돌로 쳐서 죽였습니다.

나는 진실을 말할 뿐이야

첫 번째 순교자

스데반이 자신의 삶과 죽음으로
예수님을 드러내다.

에티오피아인 여행자

빌립이 복음의 메시지를
충실하게 전하다.

사도행전 6장 8~15절

스데반이 은혜와 권능이 충만하여 큰 기사와 표적을 민간에 행하니 이른바 자유민들 즉 구레네인, 알렉산드리아인, 길리기아와 아시아에서 온 사람들의 회당에서 어떤 자들이 일어나 스데반과 더불어 논쟁할새 스데반이 지혜와 성령으로 말함을 그들이 능히 당하지 못하여 사람들을 매수하여 말하게 하되 이 사람이 모세와 하나님을 모독하는 말을 하는 것을 우리가 들었노라 하게 하고 백성과 장로와 서기관들을 충동시켜 와서 잡아가지고 공회에 이르러 거짓 증인들을 세우니 이르되 이 사람이 이 거룩한 곳과 율법을 거슬러 말하기를 마지 아니하는도다 그의 말에 이 나사렛 예수가 이곳을 헐고 또 모세가 우리에게 전하여 준 규례를 고치겠다 함을 우리가 들었노라 하거늘 공회 중에 앉은 사람들이 다 스데반을 주목하여 보니 그 얼굴이 천사의 얼굴과 같더라"

성령으로 충만했던 스데반은 유대인들에게 예수님을 전하면서 기적과 표적을 행하는 사람으로 유명했습니다. 그 결과, 스데반은 논쟁을 벌이고 싶어 하는 사람들의 주목을 끌었습니다. 그들은 스데반이 간증을 그만두기를 바라면서 그에게 도전했습니다. 그러나 지혜로운 스데반이 하나님의 영으로 충만했으므로 그들의 노력은 수포로 돌아갔습니다.

시간이 흘러, 스데반이 유대 사회를 감독하던 종교 지도자들의 무리인 산헤드린 공회 앞에 불려 갔습니다. 스데반을 반대하던 자들은 공회 앞에서 그의 설교와 가르침에 관해 거짓말을 하면서 비열하고 치사한 전략을 썼습니다.

누군가가 다른 사람의 말과 행동을 거짓으로 전해서 곤경에 빠뜨린 것을 본 적 있나요? 스데반을 대적했던 거짓 증인들과 어떤 점에서 똑같은가요?

> 하나님은 눈에 보이는 물건을 손에 쥔 사람이 자기가 물건을 쥐고 있음을 확신하는 것만큼이나 틀림없는 확신을 주시고, 모든 약속을 분명히 하십니다. 이처럼 우리는 눈에 보이지 않는 하나님의 약속을 붙고서도 그것이 마치 눈에 보이는 것처럼 믿음을 고수해야 합니다.
>
> 피터 리데만 Peter Riedemann

어떻게 너희만 몰라?

> **사도행전 7장 44~53절**
> 광야에서 우리 조상들에게 증거의 장막이 있었으니 이것은 모세에게 말씀하신 이가 명하사 그가 본 그 양식대로 만들게 하신 것이라 우리 조상들이 그것을 받아 하나님이 그들 앞에서 쫓아내신 이방인의 땅을 점령할 때에 여호수아와 함께 가지고 들어가서 다윗 때까지 이르니라 다윗이 하나님 앞에서 은혜를 받아 야곱의 집을 위하여 하나님의 처소를 준비하게 하여 달라고 하더니 솔로몬이 그를 위하여 집을 지었느니라 그러나 지극히 높으신 이는 손으로 지은 곳에 계시지 아니하시나니 선지자가 말한 바 주께서 이르시되 하늘은 나의 보좌요 땅은 나의 발등상이니 너희가 나를 위하여 무슨 집을 짓겠으며 나의 안식할 처소가 어디냐 이 모든 것이 다 내 손으로 지은 것이 아니냐 함과 같으니라 목이 곧고 마음과 귀에 할례를 받지 못한 사람들아 너희도 너희 조상과 같이 항상 성령을 거스르는도다 너희 조상들이 선지자들 중의 누구를 박해하지 아니하였느냐 의인이 오시리라 예고한 자들을 그들이 죽였고 이제 너희는 그 의인을 잡아 준 자요 살인한 자가 되나니 너희는 천사가 전한 율법을 받고도 지키지 아니하였도다 하니라

스데반이 하나님이 거하시는 곳에 관해 말했을 때, 청중은 성전의 역사를 떠올렸습니다. 하나님은 어떤 곳에 매인 적이 없으셨고, 이스라엘에서 누구도 이 사실에 토를 달지 않았습니다. 그러나 스데반은 여기서 더 나아가 유대인들이 당시 이스라엘에서 어떤 일이 일어나고 있는지 그 핵심을 놓치고 있다고 말했습니다. 그는 하나님이 이스라엘로 돌아오셨고, 이번에는 성전에 나타나시지 않고, 피와 살이 있는 사람으로 오셨다고 말했습니다. 의로운 이가 오셨는데, 그들이 그분을 죽였다고 말했습니다.

끝까지 달리면, 마침내 그 영광을 볼 수 있어

> **사도행전 7장 54~60절**
> 그들이 이 말을 듣고 마음에 찔려 그를 향하여 이를 갈거늘 스데반이 성령 충만하여 하늘을 우러러 주목하여 하나님의 영광과 및 예수께서 하나님 우편에 서신 것을 보고 말하되 보라 하늘이 열리고 인자가 하나님 우편에 서신 것을 보노라 한 대 그들이 큰 소리를 지르며 귀를 막고 일제히 그에게 달려들어 성 밖으로 내치고 돌로 칠새 증인들이 옷을 벗어 사울이라 하는 청년의 발 앞에 두니라 그들이 돌로 스데반을 치니 스데반이 부르짖어 이르되 주 예수여 내 영혼을 받으시옵소서 하고 무릎을 꿇고 크게 불러 이르되 주여 이 죄를 그들에게 돌리지 마옵소서 이 말을 하고 자니라

스데반은 생의 마지막 순간을 맞고 있었으며, 하나님은 그와 끝까지 함께해 주셨습니다. 이것을 주목하는 것이 중요합니다. 종종 우리는 믿음을 버리라는 요구를 거절해서 몰매질, 고문, 죽음의 위협을 당하고 견뎌

고넬료와 만나는 베드로

복음이 이방에 전파되다.

박해자에서 복음 설교자로

그리스도인을 박해하던 바울이 부활하신 그리스도를 만나고 영원히 변화되다.

낸 그리스도인에 관한 이야기를 들을 수 있습니다. 그런 상황에서 어떻게 믿음을 지킬 수 있었는지 알 수 없어서 궁금한 적도 있습니다. 우리는 목숨을 구하기 위해 차라리 믿음을 부인하려는 유혹에 빠지기 쉽습니다. 그러나 믿음을 버린다면 하나님이 용서하실까요?

여기에는 성경 곳곳에서 발견되는 공통 원리가 작동하고 있습니다. 하나님은 우리가 하나님을 순종하고 좇는 데 필요한 모든 것을 공급하십니다. 이삭을 살리기 위해서 숫양을 예비하여 아브라함에게 주시고, 광야를 헤매는 이스라엘 백성에게 만나를 주시고, 우리의 죗값을 위해서 예수님을 속죄 제물로 내어 주신 하나님이 극심한 고난과 핍박의 순간에도 스데반을 붙들기 위해서 능력과 환상을 허락하셨습니다. 그러므로 고난과 시험이 다가와도 신실함을 잃지 않도록 하나님이 능력과 격려를 공급해 주시고 지원해 주실 것을 확신할 수 있습니다.

스데반의 마지막 말에서 두드러진 점은 무엇인가요?

_____

_____

_____

초기 선교사들의 사역

바울과 바나바가
열방에 교회를 세우기 시작하다.

죽음 이후의 삶

알짬 교리 **99**

성경은 그리스도인이 죽으면 바로 주님과 함께 있게 된다고 가르칩니다(눅 23:43; 고후 5:8). 어떤 사람들은 믿는 사람이 장래에 부활할 때에 최종적인 상태가 될 것(계 6:10~11)임을 감안하여, 이 상태를 '중간 상태'라고 부르기도 합니다. 그리스도 안에 있지 않은 이들은 죽은 후에 그리스도와 분리된 채 고통 가운데 놓이게 되며, 종말에는 심판을 받게 됩니다(눅 16:19~31).

오직 그리스도

구원은 오직 그리스도를
믿음으로써 은혜로 얻는다.

그리스도와의 연결

스데반은 최초로 순교함으로써 그리스도의 발자취를 따랐습니다. 예수님과 스데반 둘 다 신성을 모독했다는 거짓말로 고발을 당했습니다. 예수님과 스데반 둘 다 사형 집행자들을 위해서 기도했고, 죽으면서 하나님께 자신의 영을 맡겼습니다. 스데반은 예수 그리스도의 제자로서 삶과 죽음에서 주님을 드러냈습니다.

하나님이 들려주시는 이야기는 오늘을 사는 나와 늘 연결되어 있습니다. 아래 질문에 답하면서 성경 이야기가 내 이야기와 어떻게 연결되는지 생각해 봅시다.

▶ 믿음 때문에 고난당하는 그리스도인들에 관해 들은 이야기가 있나요? 그 이야기는 자신의 믿음에 어떤 영향을 끼쳤나요?

▶ 교회는 성도들과 순교자들이 앞서 받았던 고난과 핍박에서 무엇을 배울 수 있을까요?

▶ 믿음을 지켜야 하는 시점에서 예수님을 바라보면 어떻게 자신의 마음을 억누를 수 있을까요?

▶ 시험 가운데서도 믿음을 지킬 수 있도록 성령님이 어떻게 도와주셨나요?

하나님의 이야기
하나님이 그분의 아들
예수 그리스도를 통해
우리를 구속해 주신 이야기

우리의 이야기
우리의 이야기가
하나님의 이야기와
만나는 곳

YOUR MISSION

생각

기독교와 기독교 세계관에 점점 더 적대적으로 변하는 문화 가운데 살고 있기 때에, 스데반과 비슷한 경험을 우리가 한다고 해도 별로 놀라울 것 같지 않습니다. 스데반은 구약의 율법과 성전에 신성모독적인 말을 했다는 이유로 고발되었습니다. 우리도 단순히 인간 생명의 가치나 결혼의 의미나 타고난 성에 관한 전통적인 믿음을 고수한다는 이유로, 혐오 발언이나 편협함과 편견의 문제로 고발될 수 있습니다.

- 그리스도인들이 거짓 고발당하는 것을 본 적이 있나요?
- 우리가 사람들의 반대에 대응할 때, 성령님은 어떤 역할을 하시나요?

마음

스데반은 자신이 옳다는 이유로 비판적인 태도나 교만한 태도를 보이지 않았습니다. 그는 종교 지도자들을 신랄하게 질책하기는 했지만, 죽는 순간에는 그들이 한 행동을 용서해 달라고 하나님께 간청했습니다. 그는 예수님처럼 자신을 핍박한 자들을 위해 은혜를 구했습니다. 그는 자신의 옳음을 증명하고자 하는 교만이 아니라 사랑이라는 동기로 행동했습니다. 그는 사람들이 자기 자신을 믿기보다는 예수님을 믿기 원했습니다. 설교와 복음 전도와 믿음에 관한 논쟁은 단순히 이기고 싶은 마음이 아니라 잃어버린 자들을 향한 사랑과 긍휼의 마음에서 비롯되어야 합니다.

- 사람들이 오만한 사람보다 겸손한 사람에게 더 잘 반응하는 이유는 무엇일까요?
- 어떻게 하면, 사랑의 내적 동기를 겉으로 보일 수 있을까요?

행동

성령 충만한 그리스도인은 기이하고 놀라운 일을 행하는 자기 자신을 발견합니다. 그리스도인이 고난과 죽음을 두려움 없이 맞이할 수 있다는 것보다 기이하고 강력한 일은 없을 것입니다. 암에 걸렸을 때나 군중 앞에 섰을 때나 동일하게 강력한 초자연적인 힘이 우리를 붙들어 줍니다. 우리가 성령님의 권능을 받고 소망 가운데 예수님을 바라볼 때에, 죽음의 권능을 무색하게 만드는 확신을 얻게 됩니다(고전 15:51~58). 스데반은 그를 핍박하는 자들의 손에 죽임당했습니다. 그러나 그는 예수님이 살아 계시다는 사실과, 죽은 자의 무덤이 정복되었으며 우리가 이 세상에서 두려워할 것이 전혀 없다는 사실 때문에 확신을 가지고 죽었습니다.

- 고난 중에도 신실함이 성도에게 격려가 되는 것을 본 적이 있나요?
- 고난을 통해 비그리스도인에게 복음의 길이 열리는 것을 본 적이 있나요?

> 다음 모임까지 **마태복음 7~10장; 마가복음 3~4장**을 읽어 보세요.

05
빌립,
가서 복음을 전하다

성경 말씀 ▸ 사도행전 8장 26~40절

포 인 트 ▸ 하나님은 신실한 증인, 순종하는 증인이 되라고 하신다.

등 장 인 물 ▸ 성령님(삼위일체의 제3위격)
빌립(예수님의 제자로, 성령님께 이끌리어 에티오피아인 고위 관리를 만난 것으로 유명한 복음 전도자)

메시지 좌표 ▸ 스데반이 순교한 후, 교회는 극한 박해를 받기 시작했고 예수님을 따르던 많은 사람이 유대와 사마리아로 흩어졌습니다. 예수님을 따르던 빌립 역시 처음에는 사마리아로 갔습니다. 그러나 하나님은 그에게 예루살렘에서 가사로 향하는 길로 가라고 하셨습니다. 빌립은 순종했고, 하나님은 그가 그 길에서 에티오피아 사람에게 성경을 가르치게 하셨습니다.

하나님이 말씀하시니 망설일 필요 없지

사도행전 8장 26~29절
주의 사자가 빌립에게 말하여 이르되 일어나서 남쪽으로 향하여 예루살렘에서 가사로 내려가는 길까지 가라 하니 그 길은 광야라 일어나 가서 보니 에디오피아 사람 곧 에디오피아 여왕 간다게의 모든 국고를 맡은 관리인 내시가 예배하러 예루살렘에 왔다가 돌아가는데 수레를 타고 선지자 이사야의 글을 읽더라 성령이 빌립더러 이르시되 이 수레로 가까이 나아가라 하시거늘

빌립의 이야기는 사도행전에서 중요한 의미가 있습니다. 먼저, 당시에 에티오피아(에디오피아)는 먼 곳이었습니다. 지금 우리에게 익숙한 지도에서는 에티오피아와 예루살렘이 그리 멀지 않아 보이겠지만, 당시에는 마치 지구 반대편에 있는 듯 멀고먼 거리였습니다. 따라서 사도행전의 원래 독자에게는 하나님을 찾으러 예루살렘까지 찾아온 에티오피아 사람의 이야기는 충격적이었습니다. 이 사건은 복음이 전 세계를 향한다는 사실을 암시합니다. 더불어 복음에 대한 갈증이 모든 사람에게서 발견되는 보편적인 것임을 보여 줍니다. 유대인에게만이 아니라 열방의 사람들에게도 복음을 주셨습니다.

하나님은 바로 이런 만남을 위해서 빌립을 보내셨습니다. 천사의 명령을 들은 빌립은 즉시 순종했습니다. 불과 몇 구절 앞을 보면, 그는 사마리아 성에서 성공적인 사역을 하고 있었습니다(행 8:4~8). 오직 하나님의 음성만 믿고 긴 여행을 떠나라는 명령을 듣는다면, 마음속에서 갈등이 일어날 법도 합니다. 성공적인 사역을 두고 떠나기란 어려운 일이고, 말씀대로 행하는 것도 대단한 믿음을 요구합니다.

빌립은 즉시 순종했습니다. 빌립처럼 일이 잘되어 갈 때, 하나님이 그 자리를 떠나라고 하신다면, 어떻게 해야 할까요?

_____

_____

하나님이 낯선 곳으로 떠나게 하신 적이 있나요?

_____

_____

에티오피아인 여행자

빌립이 복음의 메시지를
충실하게 전하다.

**고넬료와 만나는
베드로**

복음이 이방에 전파되다.

이게 무슨 뜻이냐면 말이죠

> **사도행전 8장 30~35절**
> 빌립이 달려가서 선지자 이사야의 글 읽는 것을 듣고 말하되 읽는 것을 깨닫느냐 대답하되 지도해 주는 사람이 없으니 어찌 깨달을 수 있느냐 하고 빌립을 청하여 수레에 올라같이 앉으라 하니라 읽는 성경 구절은 이것이니 일렀으되 그가 도살자에게로 가는 양과 같이 끌려갔고 털 깎는 자 앞에 있는 어린 양이 조용함과 같이 그의 입을 열지 아니하였도다 그가 굴욕을 당했을 때 공정한 재판도 받지 못하였으니 누가 그의 세대를 말하리요 그의 생명이 땅에서 빼앗김이로다 하였거늘 그 내시가 빌립에게 말하되 청컨대 내가 묻노니 선지자가 이 말한 것이 누구를 가리킴이냐 자기를 가리킴이냐 타인을 가리킴이냐 빌립이 입을 열어 이 글에서 시작하여 예수를 가르쳐 복음을 전하니

성경의 전체 이야기는 처음부터 끝까지 예수님을 가리킵니다. 이스라엘에 관한 이야기와 구약 전체는 예수님을 기대합니다. 이는 이스라엘이 왕을 고대했다는 사실에서도 볼 수 있습니다. 비록 이스라엘의 어떤 왕도 그들이 원했던 영광에 이르지는 못했지만 말입니다. 구약이 예수님을 가리킨다는 사실은 아무도 순종할 수 없는 율법의 완벽한 요구에서도 발견할 수 있습니다. 또한 파멸한 세상에서 사람들이 '여호와여 어느 때까지니이까'를 연발했던 비통함에 젖은 시편과 선지서에서도 발견할 수 있습니다. 예수님은 구약이 갈망하고 가리키는 모든 것을 구현하십니다. 에덴동산에서의 추방, 약속의 땅을 향한 갈망, 바벨론에 의한 추방 등 구약의 광범위한 줄거리도 예수님이야말로 사탄과 죄와 죽음을 이기시고, 우리를 하나님께 돌아오게 이끄시는 정복 왕임을 가리킵니다.

우리가 비록 성경학자는 아닐지라도 빌립처럼 다른 사람에게 복음과 예수님을 전할 수 있나요?

박해자에서 복음 설교자로

그리스도인을 박해하던 바울이 부활하신 그리스도를 만나고 영원히 변화되다.

세례받고 싶다고요? 환영합니다

> **사도행전 8장 36~40절**
> 길 가다가 물 있는 곳에 이르러 그 내시가 말하되 보라 물이 있으니 내가 세례를 받음에 무슨 거리낌이 있느냐 (없음) 이에 명하여 수레를 멈추고 빌립과 내시가 둘 다 물에 내려가 빌립이 세례를 베풀고 둘이 물에서 올라올새 주의 영이 빌립을 이끌어간지라 내시는 기쁘게 길을 가므로 그를 다시 보지 못하니라 빌립은 아소도에 나타나 여러 성을 지나다니며 복음을 전하고 가이사랴에 이르니라

초기 선교사들의 사역

바울과 바나바가 열방에 교회를 세우기 시작하다.

여기서 참된 회심의 모든 요소를 볼 수 있습니다. 에티오피아 사람은 믿음을 강요받지 않고, 회심하도록 압박을 받지 않았습니다. 그럼에도 불구하고 간절히 복음을 믿고 싶어 했습니다. 빌립은 에티오피아 사람에게 그가 읽고 있던 성경 말씀이 예수님을 가리키며, 예수님의 죽음과 부활이 우리를 하나님과 화목하게 만들었다고 설명해 주었습니다. 그 설명은 에티오피아 사람이 세례를 받고 예수님과 연합되기를 갈망하기에 충분했던 것으로 보입니다.

오직 그리스도

구원은 오직 그리스도를
믿음으로써 은혜로 얻는다.

에티오피아 사람은 "내가 세례를 받음에 무슨 거리낌이 있느냐"(행 8:36)라고 물었습니다. 이 질문이 중요합니다. 유대인이 아닌 에티오피아 출신의 이방인이라는 이유로 그에게 세례 베풀기를 거절한 사람도 있었을 것입니다. 그러나 성령 충만한 빌립은 그런 것에는 전혀 관심을 두지 않았습니다. 에티오피아 사람이 예수님에 관해 들은 것을 분명히 믿었으니, 빌립은 지체 없이 그에게 세례를 베풀어 주었습니다.

교회의 사명   알짬 교리 **99**

교회는 십자가에서 죽으시고 부활하셨다가 승천하신 예수님에 대한 복음을 믿음으로써 연합된 백성을 말하며, 하나님 나라의 표시이자 도구입니다. 교회의 사명은 성령님의 권능으로 세상에 나아가 복음을 선포하고, 사람들을 제자로 삼는 것입니다. 이를 위해 교회는 사람들을 불러 회개와 믿음으로 응답하게 하고, 하나님의 영광과 세상의 유익을 위하여 그리스도의 주권 아래 살면서 복음의 진리와 능력을 나타내야 합니다.

**모두에게
열려 있는 구원**

다양한 배경의 사람들이
복음 메시지를 듣게 되다.

그리스도와의 연결

지극히 일상적인 일처럼 보여도 사실은 하나님의 계획 때문에 일어난 일일 수 있습니다. 세상에서는 '우연'이라고 하는 만남일지라도 일생일대의 사건이 될 수 있습니다. 우연의 일치란 존재하지 않습니다. 혹시 중요한 순간을 놓치지 않았는지 염려하기 전에 우리 혼자서 그 시간을 지나지 않았음을 기억하도록 합시다. 성령님이 우리와 동행하시고, 우리를 인도하시며, 전도할 기회를 주십니다. 성령님은 우리가 이 일을 감당할 수 있도록 담대한 마음과 때에 맞는 말씀을 주시며, 사람들이 예수 그리스도의 좋은 소식을 들을 수 있도록 우리보다 앞서 행하셔서 마음을 부드럽게 하시고 그들의 귀를 열어 주십니다. 그러므로 우리가 세상에 사는 동안 예수님의 제자들을 만들어야 합니다.

하나님이 들려주시는 이야기는 오늘을 사는 나와 늘 연결되어 있습니다. 아래 질문에 답하면서 성경 이야기가 내 이야기와 어떻게 연결되는지 생각해 봅시다.

▶ 하나님이 다른 사람에게 나아가 전도할 수 있도록 놀라운 방식으로 인도하신 일을 경험하거나 들은 적이 있나요?

▶ 성경의 모든 구절에서 예수님에 관한 좋은 소식을 전해 주고 있음을 설명할 수 있나요? 그렇거나 그렇지 않은 이유는 무엇인가요?

▶ 예수님을 믿지 않는 사람에게 성경을 설명하는 일에 두려움을 가지게 되는 이유는 무엇인가요?

▶ 어떻게 하면 성경에 기록된 그리스도를 나누는 데 필요한 능력과 확신을 향상시킬 수 있을까요?

하나님의 이야기
하나님이 그분의 아들
예수 그리스도를 통해
우리를 구속해 주신 이야기

우리의 이야기
우리의 이야기가
하나님의 이야기와
만나는 곳

YOUR MISSION

생각

빌립은 영적으로 의미심장한 이 순간에 집착하기 쉬웠을 것입니다. 마치 베드로와 야고보와 요한에게 예수님이 영광스럽게 변화된 자신의 모습을 보여 주셨을 때처럼 말입니다(마 17장). 베드로는 그 상태에 계속 머물기를 원했기 때문에 예수님과 모세와 엘리야를 위해 초막을 짓겠다고 했습니다. 그러나 말을 마치기가 무섭게 예수님은 원래 모습으로 돌아오셨으며, 모세와 엘리야는 떠났습니다. 이것은 장래에 주님의 은혜를 충만히 누리는 기쁨이 어떠한지를 미리 보여 주신 사건입니다. 우리는 영적인 기쁨을 누리는 자리에서 이것을 작게나마 경험하기도 합니다. 우리는 기쁨을 느낀 시간이 계속되기를 바라며, 하나님이 하신 일을 생각하면서 머물기를 원합니다. 흔히 수련회가 끝날 무렵이나 은혜로운 예배를 경험할 때에 이런 생각이 들곤 합니다.

- 하나님은 왜 지금 이 순간에 머물러 있기를 원하지 않으실까요?
- 은혜로운 영적인 순간이 우리로 하여금 신실하게 증언할 수 있게 도움을 줄까요?

마음

세상에 복음을 전하고자 할 때 우리는 종종 경험해 왔던 적의와 저항에 초점을 맞추기 쉽습니다. 그러나 복음을 대하는 세상의 반응이 항상 그런 것만은 아닙니다. 에티오피아에서 온 여행자의 이야기는 하나님이 많은 사람을 부르기 위해서 그들 마음속에서 일하고 계시며, 그들이 이에 반응한다는 사실을 상기시켜 줍니다. 에티오피아 사람은 하나님을 찾으려면 예루살렘으로 가야 한다는 것을 알고 있었습니다. 대개 사람들은 소망이나 영성 같은 것이 발견되는 곳이라면 어디라도 찾아 나설 것입니다.

- 사람들이 엉뚱한 곳에서 하나님을 찾는 모습을 본 적이 있나요?
- 위험을 무릅쓰고 성령님의 인도에 기꺼이 순종하려면 어떻게 해야 할까요?

행동

빌립은 이방인에게 하나님 나라를 확장해 가는 사역을 계속 이어 나갔습니다. 그가 홀연히 나타난 아소도는 그곳에서 30킬로미터 떨어진 곳이었습니다. 자원하고 복종하는 마음을 가진 빌립이 사마리아에서의 성공적인 사역을 뒤로한 채, 복음을 들어야 할 사람을 찾으라는 하나님의 부르심에 순종했기에 하나님 나라의 확장이 일어날 수 있었습니다.

- 어떻게 하면 앞으로 성령에 힘입은 복음 전도자의 사역을 감당할 수 있을까요?
- 이런 놀라운 일이 삶의 어떤 영역에서 일어날 수 있을까요?

> 다음 모임까지 마태복음 11~13장;
> 마가복음 5장 1절~6장 1절을 읽어 보세요.

06
안 되는 사람 없이 모두가 하나님께로

성경 말씀 ── 사도행전 10장 1~16, 34~48절

포 인 트 ── 하나님은 사람을 외모로 취하지 않으시고 모든 민족에게 구원의 손길을 내미신다.

등 장 인 물 ── 성령님(삼위일체의 제3위격)
고넬료(가이사랴에 주둔한 로마 군대의 백부장, 베드로가 그와 그의 가족에게 복음을 전함)

메시지 좌표 ── 앞서 빌립과 에티오피아 사람의 이야기에서 살펴보았듯이, 하나님은 유대인뿐 아니라 잃어버린 모든 사람을 구원하기 위해 계속해서 찾고 계십니다. 사도행전을 공부하며 우리는 주님을 알고 따르고자 하는 온갖 배경의 모든 민족을 부르시는 하나님의 모습을 통해 그 은혜를 계속 상기하게 됩니다.

고넬료와 만나는 베드로

복음이 이방에 전파되다.

박해자에서 복음 설교자로

그리스도인을 박해하던 바울이 부활하신 그리스도를 만나고 영원히 변화되다.

하나님이 고넬료에게도 나타나셨다니

사도행전 10장 1~8절

가이사랴에 고넬료라 하는 사람이 있으니 이달리야 부대라 하는 군대의 백부장이라 그가 경건하여 온 집안과 더불어 하나님을 경외하며 백성을 많이 구제하고 하나님께 항상 기도하더니 하루는 제 구 시쯤 되어 환상 중에 밝히 보매 하나님의 사자가 들어와 이르되 고넬료야 하니 고넬료가 주목하여 보고 두려워 이르되 주여 무슨 일이니이까 천사가 이르되 네 기도와 구제가 하나님 앞에 상달되어 기억하신 바가 되었으니 네가 지금 사람들을 욥바에 보내어 베드로라 하는 시몬을 청하라 그는 무두장이 시몬의 집에 유숙하니 그 집은 해변에 있다 하더라 마침 말하던 천사가 떠나매 고넬료가 집안 하인 둘과 부하 가운데 경건한 사람 하나를 불러 이 일을 다 이르고 욥바로 보내니라

하나님은 고넬료에게 영적인 굶주림을 주셨습니다. 천사를 보내 말하게 하실 때, 그의 노고가 "상달되어 기억하신 바"되었다고 하시며 그의 선한 마음과 선행을 칭찬하셨습니다. 고넬료가 하나님께 드린 것은 합당한 제사였습니다. 하나님이 고넬료를 깊은 교제 가운데로 어떻게 이끄셨는지에 주목해 봅시다. 하나님은 고넬료에게 환상 속에서 예수님을 보게 하지 않으시고, 예수님의 제자 가운데 한 명인 베드로를 만나게 하셨습니다. 하나님을 경외한 고넬료는 하인들을 불러 천사가 알려 준 대로 욥바에 있는 베드로를 찾아오게 했습니다.

고넬료 이야기에서 놀라운 점 중의 하나는, 그가 그토록 경건하고 바른 마음가짐을 가졌음에도 불구하고 하나님을 찾는 데에는 선한 의도 이상이 필요했다는 점입니다. 그는 성령 충만하여 세상에 예수님을 전하는 신실한 성도들의 모임인 교회가 필요했습니다.

성숙한 성도가 여러분이 성경을 더 잘 이해하도록 또는 하나님을 깊이 알아 가도록 도와준 적이 있나요?

저는 결코 그걸 먹을 수 없어요

사도행전 10장 9~16절

이튿날 그들이 길을 가다가 그 성에 가까이 갔을 그때에 베드로가 기도하려고 지붕에 올라가니 그 시각은 제 육 시더라 그가 시장하여 먹고자 하매 사람들이 준비할 때에

> 황홀한 중에 하늘이 열리며 한 그릇이 내려오는 것을 보니 큰 보자기 같고 네 귀를 매어 땅에 드리웠더라 그 안에는 땅에 있는 각종 네 발 가진 짐승과 기는 것과 공중에 나는 것들이 있더라 또 소리가 있으되 베드로야 일어나 잡아먹어라 하거늘 베드로가 이르되 주여 그럴 수 없나이다 속되고 깨끗하지 아니한 것을 내가 결코 먹지 아니하였나이다 한대 또 두 번째 소리가 있으되 하나님께서 깨끗하게 하신 것을 네가 속되다 하지 말라 하더라 이런 일이 세 번 있은 후 그 그릇이 곧 하늘로 올려져 가니라

하나님이 주신 환상에서 베드로는 무엇인가 하늘에서 내려와 '네 귀를 매어' 땅에 드리워지는 광경을 봅니다(행 10:11). 이것은 어떤 중대한 일이 벌어지고 있음을 나타냅니다. 네 귀를 가진 보자기는 땅의 네 모퉁이를 떠올리게 합니다(사 11:12; 계 7:1). 즉 하나님이 베드로에게 보여 주신 계시는 전 세계적인 사건임을 암시합니다.

베드로는 네 귀퉁이가 매여 하늘에서 내려온 큰 보자기 안에 세상의 모든 짐승과 새가 있는 것을 보았습니다. 유대교 전통과 문화를 따라 살아온 베드로는 이 광경을 보고 충격을 받았습니다. 그런데 거기서 그치지 않고 "잡아먹어라" 하고 명령까지 하시니 경악을 금치 못했을 것입니다. 음식물 규정은 유대 국가와 문화적인 정체성에 필수적인 요소였습니다. 하나님은 이스라엘이 주변 나라와 문화적으로 구별되도록 이 규정을 주셨고, 이것을 어기는 것은 하나님과 가족과 국가에 대한 모욕으로 간주되었습니다.

초기 선교사들의 사역

바울과 바나바가
열방에 교회를 세우기 시작하다.

믿는 자가 되도록 모든 사람을 부르시는 하나님

사도행전 10장 34~48절
베드로가 입을 열어 말하되 내가 참으로 하나님은 사람의 외모를 보지 아니하시고 각 나라 중 하나님을 경외하며 의를 행하는 사람은 다 받으시는 줄 깨달았도다 만유의 주 되신 예수 그리스도로 말미암아 화평의 복음을 전하사 이스라엘 자손들에게 보내신 말씀 곧 요한이 그 세례를 반포한 후에 갈릴리에서 시작하여 온 유대에 두루 전파된 그것을 너희도 알거니와 하나님이 나사렛 예수에게 성령과 능력을 기름 붓듯 하셨으매 그가 두루 다니시며 선한 일을 행하시고 마귀에게 눌린 모든 사람을 고치셨으니 이는 하나님이 함께하셨음이라 우리는 유대인의 땅과 예루살렘에서 그가 행하신 모든 일에 증인이라 그를 그들이 나무에 달아 죽였으나 하나님이 사흘 만에 다시 살리사 나타내시되 모든 백성에게 하신 것이 아니요 오직 미리 택하신 증인 곧 죽은 자 가운데서 부활하신 후 그를 모시고 음식을 먹은 우리에게 하신 것이라 우리에게 명하사 백성에게 전도하되 하나님이 살아 있는 자와 죽은 자의 재판장으로 정하신 자가 곧 이 사람인 것을 증언하게 하셨고 그에 대하여 모든 선지자도 증언하되 그를 믿는 사람들이 다 그의 이름을 힘입어

오직 그리스도

구원은 오직 그리스도를
믿음으로써 은혜로 얻는다.

> 죄 사함을 받는다 하였느니라 베드로가 이 말을 할 때에 성령이 말씀 듣는 모든 사람에게 내려오시니 베드로와 함께 온 할례 받은 신자들이 이방인들에게도 성령 부어 주심으로 말미암아 놀라니 이는 방언을 말하며 하나님 높임을 들음이러라 이에 베드로가 이르되 이 사람들이 우리와 같이 성령을 받았으니 누가 능히 물로 세례 베풂을 금하리요 하고 명하여 예수 그리스도의 이름으로 세례를 베풀라 하니라 그들이 베드로에게 며칠 더 머물기를 청하니라

베드로가 고넬료 및 그 주위에 모인 모든 사람에게 전한 메시지는 교회 안에 이방인들을 포함시키려는 하나님의 뜻을 반영합니다. 하나님은 줄곧 인류가 회복되기를 바라셨고, 이것은 이제 예수님 안에서 가능해졌습니다. 예수님은 비록 이스라엘을 통해서 오시기는 하셨지만, '전 세계'를 위해서 오셨던 것입니다. 중요한 것은 종교나 민족적인 혈통이 아니라 하나님이 보내신 자를 믿는 것입니다.

하나님의 계획과 인간의 행동 · 알짬 교리 99

우리 삶 전체를 향한 하나님의 주권은 인간의 자유로운 행동까지 포함합니다. "사람의 마음에는 많은 계획이 있어도 오직 여호와의 뜻만이 완전히 서리라"(잠 19:21). 주님의 계획은 우리가 이해하지 못하는 방식으로 펼쳐지며, 이 계획은 인간의 선택에도 영향을 미칩니다. 인간의 사악한 결정에 따라 예수님이 십자가형에 처해지셨지만, 하나님은 그것을 미리 아시고 계획에 넣으셨던 것처럼, 인간이 자유롭게 선택한 악한 행위조차도 모든 것을 포괄하는 하나님의 계획에 이미 계산되어 있습니다(행 2:23). 하나님을 사랑하는 사람에게는 모든 것이 합력하여 선을 이루도록 하나님이 일하고 계심을 알기에(롬 8:28), 우리는 현재 상황이 이해되지 않을 때에라도 계획하신 대로 이루시겠다는 주님의 약속을 신뢰해야 합니다.

모두에게 열려 있는 구원

다양한 배경의 사람들이 복음 메시지를 듣게 되다.

문화를 사로잡음

바울이 그리스도의 메시지로 주변 문화에 참여하다.

그리스도와의 연결

하나님은 '정결'하고 '부정'한 사람들에 대한 베드로의 관점을 무너뜨리기 위해 '정결'하고 '부정'한 음식에 관한 베드로의 관점에 도전하십니다. 베드로는 환상을 통해 하나님이 치우침이 없으시며, 자신의 백성을 통해서 예수님의 죽음과 부활의 메시지를 모든 사람에게 선포하시고, 그들의 삶에서 하나님의 역사를 찬송하게 하시며, 민족적인 혈통과 상관없이 모든 믿는 사람을 하나님의 가족으로 환영하도록 명하신다는 사실을 배웠습니다.

하나님이 들려주시는 이야기는 오늘을 사는 나와 늘 연결되어 있습니다. 아래 질문에 답하면서 성경 이야기가 내 이야기와 어떻게 연결되는지 생각해 봅시다.

▶ 하나님이 그리스도인에게 복음을 전하게 하시는 이유는 무엇일까요?

▶ 하나님이 행하시는 일을 보며 놀라거나, 당연하게 여기던 것을 다르게 받아들여야 했던 적이 있나요?

▶ 하나님의 은혜가 누군가에게 다가가 예수님을 믿게끔 이끄시는 것을 보고 놀란 적이 있습니까?

▶ 이 이야기를 읽고, 개인적으로 복음을 전하려고 노력하는 것에 어떤 도전을 받았나요?

하나님의 이야기
하나님이 그분의 아들
예수 그리스도를 통해
우리를 구속해 주신 이야기

우리의 이야기
우리의 이야기가
하나님의 이야기와
만나는 곳

YOUR MISSION

생각

하나님을 찾아다니면서도 정작 예수님을 모르는 사람을 흔히 만날 수 있습니다. 우리는 세속주의와 더불어 수많은 종교가 넘치는 시대를 살아갑니다. 그런데 다양한 종교에 관심을 가진 사람들 가운데서, 우리는 진실로 하나님을 찾는 사람을 발견할 수도 있습니다. 진리를 추구하는 사람이나, 영적 빈곤을 깨닫고 신을 만나기 위해 이곳저곳을 기웃거리는 사람도 만날 수 있습니다. 그러나 하나님이 그들을 이끄시지 않으면 그들은 자신이 찾는 바를 결코 발견하지 못할 것입니다. 그뿐 아니라 교회가 아닌 다른 것으로는 하나님을 만날 수 없을 것입니다.

- 주위에 비그리스도인이 있나요? 그들은 어떤 방식으로 하나님을 찾고 있나요?
- 어떻게 하면, 잘못된 방식으로 하나님을 찾는 사람들을 예수님께 인도할 수 있을까요?

마음

베드로와 고넬료의 이야기를 잘 아는데도 사람이라도, 바로 자신이 특정한 부류의 사람에게 편견이 있는 당사자임을 자각하지 못할 수 있습니다. 따라서 인종, 문화, 재력, 이념이 다른 사람을 대하는 자신의 태도를 양심적으로 살펴볼 필요가 있습니다. 자신도 모르게 그리스도의 몸의 연합을 가로막지 않도록 주의해야 합니다. 마냥 쉽지는 않겠지만, 이로써 차별과 편견이 없는 교회를 만들어 갈 수 있습니다.

- 부정적인 태도로 타인을 대하지 않도록 마음을 지키는 방법에는 어떤 것이 있을까요?
- 편견을 가지고 다른 사람을 대하고 있음을 깨달았다면 어떡하면 좋을까요?

행동

이 이야기를 적용할 방법을 생각해 볼 필요가 있습니다. 교회사 내내 그리스도인은 문화적, 정치적, 인종적, 사회적인 이유로 특정 무리가 그리스도인이 되기에 부족하다는 낙인을 찍으려는 유혹과 씨름해야 했습니다. '저 사람'은 절대로 구원받지 못할 것이라거나, '저 무리'는 복음에 적대적이라고 여기곤 했습니다. 또는 온갖 이유를 대면서 특정 사람들에 대해 복음을 듣고 싶어 하지 않는다거나, 너무 악하다거나, 결코 변하지 않을 것이라고 몰아붙였습니다. 이러한 생각은 잘못된 것입니다. 이미 복음의 은혜를 받고 놀란 적이 있는 우리는 앞으로 전혀 예상하지 못했던 사람이 복음을 받아들이는 것을 보고 다시금 놀라게 될지도 모릅니다.

- 복음을 절대 받아들이지 않을 것 같은 사람이 있나요? 그들이 복음을 받아들이지 않는 이유가 무엇이라고 생각하나요?
- 본문에서 자신의 관점을 바꿀 수 있도록 깨닫게 된 진리가 있다면 그것은 무엇인가요?

다음 모임까지 누가복음 3~5장; 요한복음 1~2장을 읽어 보세요.

두 번째
이야기

보내시는
하나님

사도행전

알짬 구절

사도행전

17장 30~31절

알지 못하던 시대에는 하나님이 간과하셨거니와 이제는 어디든지 사람에게 다
명하사 회개하라 하셨으니 이는 정하신 사람으로 하여금 천하를 공의로 심판할
날을 작정하시고 이에 그를 죽은 자 가운데서 다시 살리신 것으로 모든 사람에게
믿을 만한 증거를 주셨음이니라 하니라

07
사울이
바울이 되다니

성경 말씀 ── 사도행전 9장 1~25절

포 인 트 ── 예수님만이 그분의 영광을 위해 마음을 새롭게 하고 삶을 변화시키실 수 있다.

등 장 인 물 ── 예수님(하나님의 아들, 성자 하나님)
바울(히브리어 이름은 '사울'임. 지독한 박해자에서 그리스도의 제자이자 사도로 변화됨. 이방인의 사도로 유명함)

메시지 좌표 ── 사울로도 알려진 사도 바울의 회심은 사도행전에서 가장 흥미진진한 사건에 속합니다. 하나님은 스데반이 돌에 맞아 죽을 때 그 자리에서 사람들의 옷을 봐 주고 교회를 축출하고자 애쓰던 사울의 마음을 변화시키셨습니다.

**박해자에서
복음 설교자로**

그리스도인을 박해하던 바울이
부활하신 그리스도를 만나고
영원히 변화되다.

**초기 선교사들의
사역**

바울과 바나바가
열방에 교회를 세우기 시작하다.

대체 왜 나 같은 사람을?

> **사도행전 9장 1~9절**
> 사울이 주의 제자들에 대하여 여전히 위협과 살기가 등등하여 대제사장에게 가서 다메섹 여러 회당에 가져갈 공문을 청하니 이는 만일 그 도를 따르는 사람을 만나면 남녀를 막론하고 결박하여 예루살렘으로 잡아오려 함이라 사울이 길을 가다가 다메섹에 가까이 이르더니 홀연히 하늘로부터 빛이 그를 둘러 비추는지라 땅에 엎드려 들으매 소리가 있어 이르시되 사울아 사울아 네가 어찌하여 나를 박해하느냐 하시거늘 대답하되 주여 누구시니이까 이르시되 나는 네가 박해하는 예수라 너는 일어나 시내로 들어가라 네가 행할 것을 네게 이를 자가 있느니라 하시니 같이 가던 사람들은 소리만 듣고 아무도 보지 못하여 말을 못하고 서 있더라 사울이 땅에서 일어나 눈은 떴으나 아무것도 보지 못하고 사람의 손에 끌려 다메섹으로 들어가서 사흘 동안 보지 못하고 먹지도 마시지도 아니하니라

이때 예수님에 관한 사울의 생각에 어떤 변화가 일어나기 시작했을까요? 사울 자신에 관한 생각은 어떻게 변하기 시작했을까요?

_____

_____

_____

_____

사울은 나사렛 예수를 좇는 사람들을 붙잡아서 제거할 요량으로 다메섹을 향해 갔습니다. 그러다가 너무나도 밝은 빛 가운데 들려오는 하나의 질문과 맞닥뜨렸습니다. "사울아 사울아 네가 어찌하여 나를 박해하느냐?"(행 9:4). 이 질문은 사울을 혼란에 빠뜨렸습니다. 그는 예수님을 몰랐기에 예수님의 음성을 알아차리지 못했습니다. 하지만 경건한 마음으로 귀 기울여야 할 하나님의 메시지인 것은 깨달을 수 있었습니다. 예수님은 자신의 제자들을 박해하는 것은 곧 예수님 자신을 박해하는 것이라고 말씀하셨습니다. 사울이 예수님의 제자들에게 행한 일은 사실 예수님께 행한 것과 같았습니다. 이때 사울은 자신의 부끄러운 모습을 깨닫게 되었고 겸손해지기 시작했습니다. 자신이 이제껏 알던 세계를 벗어나야 하는 큰 변화의 문턱에 사울은 서 있었습니다.

그런 사람이라도 이제는 내 형제야

사도행전 9장 10~19절
그때에 다메섹에 아나니아라 하는 제자가 있더니 주께서 환상 중에 불러 이르시되 아나니아야 하시거늘 대답하되 주여 내가 여기 있나이다 하니 주께서 이르시되 일어나 직가라 하는 거리로 가서 유다의 집에서 다소 사람 사울이라 하는 사람을 찾으라 그가 기도하는 중이니라 그가 아나니아라 하는 사람이 들어와서 자기에게 안수하여 다시 보게 하는 것을 보았느니라 하시거늘 아나니아가 대답하되 주여 이 사람에 대하여 내가 여러 사람에게 듣사온즉 그가 예루살렘에서 주의 성도에게 적지 않은 해를 끼쳤다 하더니 여기서도 주의 이름을 부르는 모든 사람을 결박할 권한을 대제사장들에게서 받았나이다 하거늘 주께서 이르시되 가라 이 사람은 내 이름을 이방인과 임금들과 이스라엘 자손들에게 전하기 위하여 택한 나의 그릇이라 그가 내 이름을 위하여 얼마나 고난을 받아야 할 것을 내가 그에게 보이리라 하시니 아나니아가 떠나 그 집에 들어가서 그에게 안수하여 이르되 형제 사울아 주 곧 네가 오는 길에서 나타나셨던 예수께서 나를 보내어 너로 다시 보게 하시고 성령으로 충만하게 하신다 하니 즉시 사울의 눈에서 비늘 같은 것이 벗어져 다시 보게 된지라 일어나 세례를 받고 음식을 먹으매 강건하여지니라 사울이 다메섹에 있는 제자들과 함께 며칠 있을새

아나니아는 하나님의 지시를 이해할 수 없었지만, 순종했습니다. 그리고 전에 원수였던 사람일지라도 그를 형제로 받아들였습니다. 예수님의 복음에 눈뜬 사울은 성령으로 충만하게 되었고, 또한 예수님의 참된 제자가 되었음을 드러내는 세례를 받았습니다. 전에는 그리스도를 박해하던 자가 그리스도의 제자가 된 것입니다.

땅끝까지 달려, 바울!

사도행전 9장 20~25절
즉시로 각 회당에서 예수가 하나님의 아들이심을 전파하니 듣는 사람이 다 놀라 말하되 이 사람이 예루살렘에서 이 이름을 부르는 사람을 멸하려던 자가 아니냐 여기 온 것도 그들을 결박하여 대제사장들에게 끌어가고자 함이 아니냐 하더라 사울은 힘을 더 얻어 예수를 그리스도라 증언하여 다메섹에 사는 유대인들을 당혹하게 하니라 여러 날이 지나매 유대인들이 사울 죽이기를 공모하더니 그 계교가 사울에게 알려지니라 그들이 그를 죽이려고 밤낮으로 성문까지 지키거늘 그의 제자들이 밤에 사울을 광주리에 담아 성벽에서 달아 내리니라

우리가 예상하지 못한 일을 해 주기를 즐거워하시는 하나님은 사울이 회심한 사건에서 멈추지 않으셨습니다. 복음의 능력으로 사울을 변화시키셨고, 그에게 역사상 가장 위대한 선교 사명을 주셨습니다. 사울을 회심

오직 그리스도

구원은 오직 그리스도를 믿음으로써 은혜로 얻는다.

모두에게 열려 있는 구원

다양한 배경의 사람들이 복음 메시지를 듣게 된다.

시키시고 선교사로 부르시는 하나님의 모습을 통해, 우리는 하나님이 보내시는 분임을 깨닫게 됩니다.

> 하나님의 구속하시는 능력을 받을 수 없는 사람이 있다고 생각한 적이 있나요? 그 이유는 무엇인가요?

> 사울의 회심 사건을 보고 깨닫게 된 것이 있나요?

부르심 알짬 교리 **99**

하나님이 사람들을 구원으로 초청하시는 데에는 두 가지 방식이 있습니다. 즉 외면적으로는 복음 선포를 통해서, 내면적으로는 복음을 듣는 사람의 심령에서 역사하시는 성령을 통해서입니다. 두 가지가 모두 필수적이며, 그리스도를 믿는 믿음으로 이끄는 데 함께 작용합니다(딤후 1:8~10).

그리스도와의 연결

나중에 바울이 될 사울에게 두 가지 사건이 일어났습니다. 첫 번째는 회심하게 된 것이고, 두 번째는 부르심을 받은 것입니다. 이것은 하나님의 구원의 능력을 입증해 줍니다. 한때 하나님의 백성을 완악한 마음으로 박해했던 사울은 십자가에 못 박히고 부활하신 예수님과의 만남을 통해서 세계 역사상 가장 위대한 선교사의 길을 걷기 시작했습니다. 오직 복음만이 그리스도의 대적을 그리스도의 구원에 대하여 열정적으로 증언하는 증인으로 변화시킬 수 있습니다.

> "지금은 비록 죄로 인해 부패하고 흉측하게 되었지만,
> 우리 안에는 하나님의 형상이 있습니다.
> 우리가 그리스도를 따라 변화할 때,
> 하나님은 은혜를 통해 하나님의 형상을 회복시켜 주십니다.
> 앨리스터 맥그래스 Alister McGrath"

문화를 사로잡음

바울이 그리스도의 메시지로 주변 문화에 참여하다.

선교사로 살아가기

바울이 일상생활을 복음을 전할 기회로 여기다.

하나님이 들려주시는 이야기는 오늘을 사는 나와 늘 연결되어 있습니다. 아래 질문에 답하면서 성경 이야기가 내 이야기와 어떻게 연결되는지 생각해 봅시다.

▶ 하나님은 사울의 주의를 끌기 충분한, 상당히 독특하고 충격적인 방식으로 그를 만나셨습니다. 오늘날 예수님은 어떤 방식으로 사람들을 만나실까요?

▶ 하나님이 내가 이해할 수 없는 일, 싫어하는 일을 시키시는 것처럼 느낀 적이 있나요? 그때 어떻게 했나요?

▶ 예수님의 말씀에 순종하여 사울에게 가야 하는 아나니아에게는 용기가 필요했습니다. 어떻게 하면 우리도 하나님께 절대적으로 순종할 용기를 얻을 수 있을까요? 어디에서 이런 용기를 얻을 수 있을까요? 이 용기는 무엇에 근거할까요?

▶ 사울이 회심한 이야기를 통해 하나님의 은혜와 긍휼에 더욱 깊이 감사할 수 있게 되었다면 그 이유는 무엇인가요?

하나님의 이야기
하나님이 그분의 아들
예수 그리스도를 통해
우리를 구속해 주신 이야기

우리의 이야기
우리의 이야기가
하나님의 이야기와
만나는 곳

YOUR MISSION

생각

탕자의 비유(눅 15:11~32)에서 얻을 수 있는 교훈은 아버지를 떠나 유산을 탕진하고 방황하는 둘째 아들에게만 머물러 있지 않습니다. 이 비유가 주는 진짜 도전은 집에 남아서 아버지를 위해 열심히 일함으로써 아버지의 사랑을 받을 자격이 있다고 믿었던, 자기 의로 똘똘 뭉친 첫째 아들입니다. 예수님을 만나기 전의 사울도 자신이 하나님께 순종하고 있으며 하나님을 기쁘시게 하고 있다고 믿어 의심치 않았으므로 첫째 아들과 같다고 할 수 있습니다.

- 다른 사람에게 복음을 전할 때 직면하게 되는 어려움에는 어떤 것이 있을까요?
- 이런 도전을 극복하기 위해 우리가 할 수 있는 일은 무엇인가요?

마음

예수님이 우리에게 원하시는 것은 형식적인 순종이 아닙니다. 예수님은 우리에게 자신이 누구인지를 보여 주시고, 우리 마음을 변화시켜서 애정 어린 참 순종으로 이끄시기 위해 우리와 만나십니다. 예수님과 사울이 대면하는 장면은, 예수님이 거만하고 완악한 마음을 부드럽게 만들 수 있는 분이라는 사실을 보여 줍니다.

- 마치 눈먼 사람처럼 종교적인 순종과 참 순종을 혼동하는 예로는 무엇이 있을까요?
- 예수님을 따르는 사람의 이야기 중심에는 무엇이 있을까요? 어떻게 하면 설득력 있게 이야기를 전할 수 있을까요?

행동

아나니아의 입장에서 생각해 보세요. 기독교의 대적으로 악명 높은 사람에게 복음을 전하기 위해 다메섹으로 가라는 명령을 받는다면, 어떤 생각이 들까요? 당장 그곳으로 가서 그 사람이 머무는 집의 문을 두드리고 예수님이 복음을 전하라고 보내셨다고 말하는 자신의 모습을 상상해 보세요. 그런 명령에 순종하여 떠날 수 있나요? 곤란하게 만드는 질문입니다. 그러나 아나니아는 순종했습니다. 우리는 이 사람에게 감사해야 합니다. 왜냐하면 그는 위대한 선교사이자 신학자가 될 사울을 격려하라는 명령에 순종했기 때문입니다.

- 일반적으로 우리는 하나님이 신자를 불신자에게만 보내신다고 생각하기 쉽습니다. 하지만 하나님은 우리를 성도에게도 보내십니다. 그렇다면 그 이유는 무엇일까요?
- 아나니아가 사울에게 다가갔던 것처럼, 성도들이 내 곁에 다가온 적이 있었나요?

> 다음 모임까지 **누가복음 6~8장; 요한복음 3~5장**을 읽어 보세요.

08

교회,
파송하고 선교하다

성 경 말씀 사도행전 13장 1~3절; 14장 8~28절

포 인 트 하나님은 복음을 한 번도 들어 보지 못한 사람들을 위해 교회가 선교사를 파송하고 지원하길 원하신다.

등 장 인 물 바울(히브리어 이름은 '사울'임. 지독한 박해자에서 그리스도의 제자이자 사도로 변화됨. 이방인의 사도로 유명함)
바나바(바울의 제1차 선교 여행 때 그와 동행함)

메시지 좌표 '선교 사업', '선교사의 삶', '선교 지향' 등의 용어와 문구를 교회에서 들어 보았을 것입니다. 이러한 것들은 모든 그리스도인이 예수님께 받은 지상 명령을 드러내는 다양한 표현일 뿐입니다. 본질적으로 이러한 것들은, 모 든 그리스도인이 잃어버린 자에게 예수님의 복음을 전하도록 하나님께 부름을 받고 보냄을 받은 선교사가 되어야 함을 나타냅니다.

선교사는 따로, 여기 아닌 저기로

초기 선교사들의 사역

바울과 바나바가
열방에 교회를 세우기 시작하다.

> **사도행전 13장 1~3절**
> 안디옥 교회에 선지자들과 교사들이 있으니 곧 바나바와 니게르라 하는 시므온과 구레네 사람 루기오와 분봉 왕 헤롯의 젖동생 마나엔과 및 사울이라 주를 섬겨 금식할 때에 성령이 이르시되 내가 불러 시키는 일을 위하여 바나바와 사울을 따로 세우라 하시니 이에 금식하며 기도하고 두 사람에게 안수하여 보내니라

안디옥 교회의 지도자들은 예배하며 금식하던 중에 성령님의 음성을 들었습니다. 이 지도자들과 교회는 하나님의 음성을 듣고 때가 되면 적절하게 반응할 준비가 되어 있었습니다.

성령님은 하나님이 주시는 소명을 위해 바나바와 사울을 따로 세우도록 지시하셨습니다. 하나님은 특별한 사역을 맡기기 위해 그 두 사람을 교회에서 떼어 놓으셨습니다. 이렇게 해서 바나바와 사울은 복음이 닿지 않은 지역에 복음을 확산하기 위해서 안디옥에서의 생활과 안디옥 교회를 뒤로 한 채 선교사로 파송을 받아 떠났습니다.

> 교회가 선교사를 위해 기도하고, 단기나 장기 선교사를 파송하는 모습을 본 적이 있나요? 바나바와 사울에게 일어났던 일과 어떻게 비교되나요?

사랑에 힘입으니 두려움 따위는 없어

오직 그리스도

구원은 오직 그리스도를
믿음으로써 은혜로 얻는다.

> **사도행전 14장 8~20절**
> 루스드라에 발을 쓰지 못하는 한 사람이 앉아 있는데 나면서 걷지 못하게 되어 걸어 본 적이 없는 자라 바울이 말하는 것을 듣거늘 바울이 주목하여 구원받을 만한 믿음이 그에게 있는 것을 보고 큰 소리로 이르되 네 발로 바로 일어서라 하니 그 사람이 일어나 걷는지라 무리가 바울이 한 일을 보고 루가오니아 방언으로 소리 질러 이르되 신들이 사람의 형상으로 우리 가운데 내려오셨다 하여 바나바는 제우스라 하고 바울은 그중에 말하는 자이므로 헤르메스라 하더라 시외 제우스 신당의 제사장이 소와 화환들을 가지고 대문 앞에 와서 무리와 함께 제사하고자 하니 두 사도 바나바와 바울이 듣고 옷을 찢고 무리 가운데 뛰어 들어가서 소리 질러 이르되 여러분이여 어찌하여 이러한 일을 하느냐

> 우리도 여러분과 같은 성정을 가진 사람이라 여러분에게 복음을 전하는 것은 이런 헛된 일을 버리고 천지와 바다와 그 가운데 만물을 지으시고 살아 계신 하나님께로 돌아오게 함이라 하나님이 지나간 세대에는 모든 민족으로 자기들의 길들을 가게 방임하셨으나 그러나 자기를 증언하지 아니하신 것이 아니니 곧 여러분에게 하늘로부터 비를 내리시며 결실기를 주시는 선한 일을 하사 음식과 기쁨으로 여러분의 마음에 만족하게 하셨느니라 하고 이렇게 말하여 겨우 무리를 말려 자기들에게 제사를 못하게 하니라 유대인들이 안디옥과 이고니온에서 와서 무리를 충동하니 그들이 돌로 바울을 쳐서 죽은 줄로 알고 시외로 끌어 내치니라 제자들이 둘러섰을 때에 바울이 일어나 그 성에 들어갔다가 이튿날 바나바와 함께 더베로 가서

바울과 바나바를 해칠 계획을 가진 사람들이 찾아왔습니다. 그들은 바울과 바나바가 전에 여행했던 곳에 살던 유대인들이었습니다. 그 유대인들은 사람들을 선동해서 바울을 돌로 치게 했습니다. 그리고 그가 죽은 줄 알고 내다 버릴 정도로 바울과 바나바를 대적하고 해를 입혔습니다.

그러나 바울은 용감했습니다. 바울은 제자들이 자신을 땅에 묻기 위해 모여들자 일어나서 곧바로 성으로 돌아갔습니다. 바울은 복음을 위해 목숨까지도 잃을 준비가 되어 있었습니다. 선교사가 받은 부르심은 극심한 저항과 고난 중에서도 하나님께 모든 필요를 전적으로 의탁하는 것입니다.

바울이 루스드라로 돌아간 이유는 무엇일까요?

**모두에게
열려 있는 구원**

다양한 배경의 사람들이
복음 메시지를 듣게 되다.

아플 테지만, 피하지 마

사도행전 14장 21~28절
복음을 그 성에서 전하여 많은 사람을 제자로 삼고 루스드라와 이고니온과 안디옥으로 돌아가서 제자들의 마음을 굳게 하여 이 믿음에 머물러 있으라 권하고 또 우리가 하나님의 나라에 들어가려면 많은 환난을 겪어야 할 것이라 하고 각 교회에서 장로들을 택하여 금식 기도 하며 그들이 믿는 주께 그들을 위탁하고 비시디아 가운데로 지나서 밤빌리아에 이르러 말씀을 버가에서 전하고 앗달리아로 내려가서 거기서 배 타고 안디옥에 이르니 이곳은 두 사도가 이룬 그 일을 위하여 전에 하나님의 은혜에 부탁하던 곳이라 그들이 이르러 교회를 모아 하나님이 함께 행하신 모든 일과 이방인들에게 믿음의 문을 여신 것을 보고하고 제자들과 함께 오래 있으니라

문화를 사로잡음

바울이 그리스도의 메시지로
주변 문화에 참여하다.

바울과 바나바가 교회에게 고난에 어떻게 대처하도록 권면했는지 주목해 보세요. 그들은 고난을 당하지 않게 해 달라고 기도하도록 권하지 않았습니다. 또한 고난을 덜 당하게 만들지도 않았습니다. 오히려 어려움은 현실이고 피할 수 없다는 사실을 받아들이도록 도와줌으로써 교회를 격려했습니다. 고난은 하나님이 하나님 나라를 위해서 사용하시는 것이기 때문에 오는 것이니 마음의 준비를 하도록 했던 것입니다.

교회와 하나님 나라　　알짬 교리 99

교회와 하나님 나라는 동일하지는 않지만, 밀접하게 관련되어 있습니다. 성경에서 하나님 나라에 관해 말할 때, 그것은 하나님이 세상을 통치하시는 것을 나타냅니다. 교회는 앞으로 하나님 나라가 온전히 드러날 것을 기대하면서 하나님의 사랑의 통치를 받으며 살아가는 하나님의 백성을 가리킵니다. 교회의 사명은 하나님 나라를 전하고, 그리스도를 통한 하나님의 구원 메시지를 선포하고, 다른 사람들이 하나님의 통치 아래 살아갈 수 있도록 선행을 통해 복음의 능력을 보여 주는 것입니다.

선교사로 살아가기

바울이 일상생활을
복음을 전할 기회로 여기다.

그리스도와의 연결

예수님은 음부의 권세가 교회를 이기지 못할 것이라고 제자들에게 말씀하셨습니다. 이것은 하나님의 백성이 예수님의 강력한 복음을 들고 영적인 암흑 속으로 들어가는 '공격적'인 모습을 볼 수 있게 해 줍니다. 처음부터 끝까지 계속, 우리는 예수님이 그분의 교회를 세우실 것을 확신합니다.

복음으로 굳건함

복음의 진리가 흔들릴 때
타협하지 않다.

> 주님을 모르는 사람들은 우리에게 묻습니다.
> "도대체 왜 선교사로 살며 인생을 낭비하나요?"
> 그들은 그들 역시 인생을 소비하고 있음을 잊고 있습니다.
> 그들은 그들이 낭비한 세월에
> 더 이상 어떤 영원한 가치도 없음을
> 거품이 빠지고 난 후에야 알게 될 것입니다.
> 네이트 세인트 Nate Saint

하나님이 들려주시는 이야기는 오늘을 사는 나와 늘 연결되어 있습니다. 아래 질문에 답하면서 성경 이야기가 내 이야기와 어떻게 연결되는지 생각해 봅시다.

▶ 선교사로 파송되어 다른 곳으로 가기를 바라나요? 그렇게 생각한 이유는 무엇인가요?

▶ 만약 선교사가 된다면 가장 포기하기 어려운 것은 무엇일까요? 하나님이 나를 선교사로 부르신다면 어떤 점이 가장 힘이 들까요?

▶ 더욱 선교 사역을 감당해 나가기 위해, 선교지에서 사역하는 선교사를 후원하기 위해 여러분이 바꿔야 하거나 포기할 것은 무엇인가요?

▶ 이 이야기를 통해 다른 사람에게 복음을 전하려는 마음을 갖게 되었나요?

하나님의 이야기
하나님이 그분의 아들
예수 그리스도를 통해
우리를 구속해 주신 이야기

우리의 이야기
우리의 이야기가
하나님의 이야기와
만나는 곳

YOUR MISSION

생각

바울과 바나바는 하나님의 보냄을 받은 자신들의 정체성을 깨달았습니다(행 13:2). 그것은 다른 사람들이 그리스도인으로서의 정체성을 깨닫도록 돕는 것이었습니다. 우리 모두에게는 이러한 강권적인 정체성이 있습니다. 이것이 바로 우리가 사람들을 제자로 삼는 이유입니다. 이것이 바로 "가라" 하신 곳에 있는 이유입니다. 왜냐하면, 우리가 믿는 복음이 우리로 하여금 다른 사람도 그것을 믿을 수 있도록 가서 도우라고 강권하기 때문입니다. 우리는 예수님의 제자이며, 예수님과 함께 나아가 이웃과 열방을 제자로 삼도록 보냄을 받은 사람입니다.

- 당신이 하는 일을 통해, 또는 하나님이 당신을 그리스도 안에 있게 하셨다는 사실을 통해 자기 자신을 바라보고 있나요? 정체성에 관한 생각이 중요한 이유는 무엇일까요?
- 자신의 정체성을 이해하는 것은 삶에 어떤 영향을 줄까요?

마음

격려에는 누군가를 기분 좋게 하는 것보다 훨씬 중요한 목적이 있습니다. 격려의 핵심 목적은 누군가로 하여금 행동하도록 동기를 부여하는 것입니다. 격려는 그것이 아무리 어렵고 큰 위험을 수반하더라도, 필요하면 행동에 옮길 수 있도록 자신감과 용기를 줍니다. 우리는 그리스도를 닮아 가는 것을 목표로 다른 성도를 격려해야 합니다.

- 역경과 고난을 겪는 것은 복음의 발전에 어떤 영향을 끼칠까요?
- 다른 사람의 격려를 통해 믿음의 행동을 한 적이 있나요? 그럴 수 있었던 이유는 무엇이었나요?

행동

보내시는 하나님은 복음을 듣지 못한 사람들을 향한 그분의 마음을 깨닫게 하심으로써 전 세계에 더 많은 선교사를 보내도록 계속해서 우리를 부르십니다. 우리가 이 부르심에 신실하기 위해서는 개인적으로 받아들여야 합니다. 우리는 자신에게 이 질문을 해야 합니다. '하나님이 나를 선교사로서 어디로 보내시는가?' 만일 하나님이 우리가 지금 거하는 곳에 남아 있기를 원하신다면, 그때는 다른 선교사를 어떻게 지원할 수 있을지 질문해야 합니다.

- 어떻게 하면 가는 곳마다 사람들을 예수님의 제자로 삼을 수 있을까요?
- 지역 교회가 파송한 선교사를 어떤 식으로 후원하고 있나요?

다음 모임까지 마태복음 14~18장; 누가복음 9장을 읽어 보세요.

09

믿음이면
충분해

성경 말씀	사도행전 15장 1~21절
포 인 트	하나님은 행위로써가 아니라 오직 그리스도를 믿음으로써 구원을 받는 다는 메시지를 선포하도록 우리를 부르신다.
등 장 인 물	바울(히브리어 이름은 '사울'임. 지독한 박해자에서 그리스도의 제자이자 사도로 변화됨. 이방인의 사도로 유명함) 바나바(바울의 제1차 선교 여행 때 동행함)
메시지 좌표	오늘날의 교회에서와 마찬가지로 초대교회에서도 분쟁하고 다투는 일이 있었습니다. 그들도 우리처럼 그리스도 안에서 새로운 삶을 살려고 함께 노력했던 불완전한 사람들이었습니다. 본문을 통해 당시에 일어났던 분 쟁 가운데 하나를 보게 될 것입니다. 이 분쟁은 과연 예수님만으로 구원 을 받을 수 있는가에 관한 복음의 핵심을 다루고 있습니다.

오직 그리스도

구원은 오직 그리스도를
믿음으로써 은혜로 얻는다.

모두에게
열려 있는 구원

다양한 배경의 사람들이
복음 메시지를 듣게 되다.

예수님만으로도 충분하냐고?

사도행전 15장 1~5절

어떤 사람들이 유대로부터 내려와서 형제들을 가르치되 너희가 모세의 법대로 할례를 받지 아니하면 능히 구원을 받지 못하리라 하니 바울 및 바나바와 그들 사이에 적지 아니한 다툼과 변론이 일어난지라 형제들이 이 문제에 대하여 바울과 바나바와 및 그중의 몇 사람을 예루살렘에 있는 사도와 장로들에게 보내기로 작정하니라 그들이 교회의 전송을 받고 베니게와 사마리아로 다니며 이방인들이 주께 돌아온 일을 말하여 형제들을 다 크게 기쁘게 하더라 예루살렘에 이르러 교회와 사도와 장로들에게 영접을 받고 하나님이 자기들과 함께 계셔 행하신 모든 일을 말하매 바리새파 중에 어떤 믿는 사람들이 일어나 말하되 이방인에게 할례를 행하고 모세의 율법을 지키라 명하는 것이 마땅하다 하니라

바울과 바나바는 유대에서 온 사람들의 가르침을 들은 후, 그들에 맞서 심각한 논쟁과 토론을 벌였습니다. 논쟁의 본질은 구원을 받기 위해서 예수님만으로 충분한지 아니면 할례처럼 추가적인 요소가 필요한지에 관한 것이었습니다.

바울과 바나바는 두 가지 이유로 그들의 가르침을 거부했습니다. 첫 번째 이유는 구원이 오직 믿음으로 말미암아 은혜로 주어진다는 복음의 핵심과 관련이 있습니다(엡 2:8~9). 유대에서 온 사람들은 믿음만으로는 충분하지 않다고 가르쳤습니다. 그들은 구원을 받기 위해서는 먼저 하나님의 언약 공동체인 이스라엘 백성에 속해야 하고, 하나님의 공동체의 일원이 되기 위해서는 할례의 증표가 필요하다고 주장했습니다. 바울과 바나바는 구원을 받기 위해서 특정한 백성에 속할 필요가 없고, 누구든지 어디서나 예수 그리스도를 믿는 순간 구원을 받는다고 가르쳤습니다.

바울과 바나바가 이방인의 구원에 할례가 필요하다는 데에 맞서 이방인의 구원을 변호한 것처럼 우리가 변호해야 할 사안들은 무엇일까요?

_____

_____

성령의 증거를 보면 알잖아

사도행전 15장 6~21절

사도와 장로들이 이 일을 의논하러 모여 많은 변론이 있은 후에 베드로가 일어나 말하되 형제들아 너희도 알거니와 하나님이 이방인들로 내 입에서 복음의 말씀을 들어 믿게 하시려고 오래전부터 너희 가운데서 나를 택하시고 또 마음을 아시는 하나님이 우리에게와 같이 그들에게도 성령을 주어 증언하시고 믿음으로 그들의 마음을 깨끗이 하사 그들이나 우리나 차별하지 아니하셨느니라 그런데 지금 너희가 어찌하여 하나님을 시험하여 우리 조상과 우리도 능히 메지 못하던 멍에를 제자들의 목에 두려느냐 그러나 우리는 그들이 우리와 동일하게 주 예수의 은혜로 구원받는 줄을 믿노라 하니라 온 무리가 가만히 있어 바나바와 바울이 하나님께서 자기들로 말미암아 이방인 중에서 행하신 표적과 기사에 관하여 말하는 것을 듣더니 말을 마치매 야고보가 대답하여 이르되 형제들아 내 말을 들으라 하나님이 처음으로 이방인 중에서 자기 이름을 위할 백성을 취하시려고 그들을 돌보신 것을 시므온이 말하였으니 선지자들의 말씀이 이와 일치하도다 기록된 바 이후에 내가 돌아와서 다윗의 무너진 장막을 다시 지으며 또 그 허물어진 것을 다시 지어 일으키리니 이는 그 남은 사람들과 내 이름으로 일컬음을 받는 모든 이방인들로 주를 찾게 하려 함이라 하셨으니 즉 예로부터 이것을 알게 하시는 주의 말씀이라 함과 같으니라 그러므로 내 의견에는 이방인 중에서 하나님께로 돌아오는 자들을 괴롭게 하지 말고 다만 우상의 더러운 것과 음행과 목매어 죽인 것과 피를 멀리하라고 편지하는 것이 옳으니 이는 예로부터 각 성에서 모세를 전하는 자가 있어 안식일마다 회당에서 그 글을 읽음이라 하더라

베드로는 하나님이 이방인에게도 성령을 선물로 주신 사건을, 할례받지 않은 이방인들의 회심에 관한 증거로 제시했습니다. 하나님은 그들에게 성령을 주신 것처럼 이방인 신자들에게도 성령을 주셨습니다. 할례나 다른 어떤 요소로 인한 차별도 없었습니다. 그들 모두가 믿음으로 구원을 받았으며, 성령을 받음으로써 하나님이 그들의 믿음을 받으셨다는 사실이 분명해졌습니다.

베드로가 말을 마치자 방금 전까지 열띤 논쟁을 벌이던 무리가 조용해졌습니다. 베드로가 강력하게 복음을 방어하는 소리가 사람들 사이로 울려 퍼졌습니다. 그러자 바울과 바나바는 기회를 놓치지 않고 하나님이 그들을 통해서 이방인들을 믿음으로 인도하신 일들을 나누면서 베드로가 한 말을 뒷받침했습니다. 그들은 하나님이 변화시키신 수많은 이방인의 예를 나열했습니다.

사탄은 우리가 서로 욕하는 것을 몹시 반기지만, 하나님은 그렇지 않으십니다.
찰스 스펄전 Charles Spurgeon

문화를 사로잡음

바울이 그리스도의 메시지로
주변 문화에 참여하다.

선교사로 살아가기

바울이 일상생활을
복음을 전할 기회로 여기다.

65

복음으로 굳건함

복음의 진리가 흔들릴 때
타협하지 않다.

십자가로 하나 됨

그리스도 안에서
믿는 자들이 연합하다.

그리스도와의 연결

초대교회의 논쟁을 해결하기 위해서 예루살렘 공회가 모였습니다. 논쟁의 요점은 구원을 받고 하나님의 가족이 되는 것이 그리스도를 믿음으로써 충분한지, 아니면 다른 요소가 필요한지에 관한 것이었습니다. 초대교회는 예수님을 믿는 것이 구원의 전부라고 확정했습니다. 그들은 예수님이 십자가 사역을 완성하셨으므로 구원은 예수님을 믿는 것만으로도 충분하다고 말하고 있습니다.

> 하나님이 우리에게 은혜를 베푸실 만한 이유를 찾으신다면,
> 우리 안에서는 하나도 찾으실 수 없습니다.
> 오직 은혜로 받는 사랑을 거부하는 교만만 있을 뿐입니다.
> 레이 오트런드 Ray Ortlund

하나님이 들려주시는 이야기는 오늘을 사는 나와 늘 연결되어 있습니다. 아래 질문에 답하면서 성경 이야기가 내 이야기와 어떻게 연결되는지 생각해 봅시다.

▸ 우리가 구원을 받고 구원을 유지하기 위해서 은혜 외에 다른 어떤 것도 필요 없다는 사실을 받아들이기 힘든 이유가 무엇일까요?

▸ 하나님이 하시는 일을 입증하기 위해서 체험에만 의존하는 것에는 어떤 위험이 있을까요? 어떻게 하면 이런 위험들로부터 자신을 보호할 수 있을까요?

▸ 구원을 받으려면 먼저 착한 사람이 되고, 그에 덧붙여서 예수님을 믿어야 한다고 말하는 사람에게 어떤 말을 해 줄 수 있을까요?

▸ 이 이야기를 통해서 오늘날 교회 안에서의 분쟁을 해결하는 방법에 관해 깨닫게 된 것이 있나요?

하나님의 이야기
하나님이 그분의 아들
예수 그리스도를 통해
우리를 구속해 주신 이야기

우리의 이야기
우리의 이야기가
하나님의 이야기와
만나는 곳

YOUR MISSION

생각

사도행전 15장에서 예루살렘 공회가 할례와 관련된 논쟁을 다룬 방법은 오늘날 교회에서 논쟁을 다루는 방법의 모범이 됩니다. 의견이 일치하지 않을 때, 문제를 적극적으로 다루어야 하고, 성경과 하나님이 하신 일을 토대로 호소해야 합니다. 문제가 해결된 후에는 그리스도 안에서 주어지는 자유와 사랑으로 모든 성도가 어우러질 수 있도록 인도해야 합니다. 공회는 구원을 받기 위해서는 예수님만 있으면 된다고 주장하면서, 예수님을 믿는 것은 구원과 하나님의 가족이 되는 것에 충분하다고 강조했습니다. 초대교회는 복음의 핵심을 보호했습니다.

- 행위가 아닌 오직 믿음으로만 구원을 받는다는 교리가 중요한 이유는 무엇일까요?
- 초대교회가 논쟁을 다루는 방식에서 오늘날 교회가 배워야 할 점은 무엇일까요?

마음

할례는 하나님의 백성이 세상으로부터 분리되었다는 사실과 그들의 순결에 대한 증표였으나, 이제 그리스도 안에서 성취되었습니다. 예수님을 믿음으로 받는 세례는 마음에 받는 할례와 같습니다. 구원받기 전에 할례를 먼저 받아야 한다는 주장은 마치 믿기 전에 세례를 먼저 받아야 한다는 주장과 같으며, 이는 복음의 핵심 내용을 약화시킵니다. 그리스도 안에서 순결과 세상으로부터의 분리는 구원으로 이끄는 것이 아니라, 구원에서 흘러나오는 것입니다. 그리스도를 따르는 사람은 옛사람을 버리고 새사람을 입을 때 마음의 할례를 받게 됩니다(롬 2:28~29). 중요한 것은 종교적인 의식이 아니라 그리스도 안에서의 영적인 삶입니다.

- 정결하기 때문에 믿음을 갖는 것이 아닌, 믿음으로 말미암아 정결할 수 있다는 사실을 강조하는 것이 중요한 이유는 무엇일까요?
- 어떻게 하면 우리 삶으로 예수 그리스도를 향한 참된 믿음을 나타낼 수 있을까요?

행동

이방인들에게 구원을 받기 전에 할례를 요구하는 것은 예수님이 성취하신 일을 무시하고, 다시 구약의 그림자로 돌아가라고 하는 것과 같습니다. 구원을 받을 권리를 얻기 위해서 무엇인가를 해야 한다는 뜻입니다. 그러나 구원을 받기에 합당한 사람은 아무도 없습니다. 살아 계신 하나님께 초청받기에 합당한 사람은 아무도 없습니다. 구원은 은혜로 얻는 것입니다. 구원은 은혜에서 시작되고, 은혜로 유지되며, 은혜로 완성됩니다. 구원에 합당한 사람이 아무도 없으므로 이방인들에게 구원을 위해서 무엇인가를 행하도록 요구해서는 안 됩니다.

- 우리의 신념이나 전통 중에 다른 사람이 복음을 이해하는 것을 가로막는 것이 있나요?
- 행위가 아닌 은혜로 구원을 받는다는 사실은 삶의 방식을 어떻게 바꾸어 놓을까요?

> 다음 모임까지 마가복음 6~9장; 요한복음 6장을 읽어 보세요.

10

복음은
모두를 향해 달린다

성경 말씀 사도행전 16장 11~34절

포 인 트 하나님은 다양한 민족에게 복음 메시지를 전하시기 위해 다양한 방법을
사용하신다.

등 장 인 물 바울(히브리어 이름은 '사울'임. 지독한 박해자에서 그리스도의 제자이자
사도로 변화됨. 이방인의 사도로 유명함)

메시지 좌표 언제나 만국에 복음을 전하는 것이 하나님의 계획입니다. 10과에서는 하
나님이 다양한 부류의 사람들에게 다양한 방식으로 그분의 메시지를 전
하시는 모습을 보여 줌으로써, 만민이 하나님을 알고 구원을 받기를 원하
시는 하나님의 뜻을 강조합니다.

**모두에게
열려 있는 구원**

다양한 배경의 사람들이
복음 메시지를 듣게 되다.

문화를 사로잡음

바울이 그리스도의 메시지로
주변 문화에 참여하다.

루디아라는 여인을 향해

사도행전 16장 11~15절

우리가 드로아에서 배로 떠나 사모드라게로 직행하여 이튿날 네압볼리로 가고 거기서 빌립보에 이르니 이는 마게도냐 지방의 첫 성이요 또 로마의 식민지라 이 성에서 수일을 유하다가 안식일에 우리가 기도할 곳이 있을까 하여 문 밖 강가에 나가 거기 앉아서 모인 여자들에게 말하는데 두아디라 시에 있는 자색 옷감 장사로서 하나님을 섬기는 루디아 하는 한 여자가 말을 듣고 있을 때 주께서 그 마음을 열어 바울의 말을 따르게 하신지라 그와 그 집이 다 세례를 받고 우리에게 청하여 이르되 만일 나를 주 믿는 자로 알거든 내 집에 들어와 유하라 하고 강권하여 머물게 하니라

마침내 바울 일행은 마케도니아(마게도냐)에 도착했습니다. 제자들은 하나님이 큰 권능으로 일하시리라고 기대했을 것입니다. 그런데 며칠이 지나도록 어떤 극적인 표적이나 능력이나 회심이 일어나는 것을 보지 못했습니다. 그들이 잘못 들었던 것일까요? 그들이 받은 환상은 상상력이 빚어낸 거짓 환상이었을까요? 그들의 머릿속에는 수많은 생각이 지나갔을 것입니다.

바울을 비롯한 제자들은 실망하는 대신에 새로운 도시에서 일상생활을 하면서 안식일에 참석할 회당을 찾았습니다. 회당은 최소 열 명 이상의 유대인 남자가 참여해야 했습니다. 그 수가 부족했기에 한 무리의 여자들이 기도하기 위해 도시 밖 강가에 모였습니다. 그들을 발견한 바울과 제자들은 그들과 대화를 나누기 위해서 자리에 앉았습니다.

복음이 누군가를 깊이 변화시켜 주변 사람들에게까지 영향을 미치는 것을 본 적이 있나요?

_____

_____

> 그리스도인은
> 자신이 선해서 하나님이 자신을 사랑하신다고 생각하지 않고,
> 하나님이 사랑해 주시기 때문에
> 자신이 선하게 될 것으로 믿습니다.
> C. S. 루이스 C. S. Lewis

10 복음은 모두를 향해 달린다

귀신 들렸던 여종을 향해

사도행전 16장 16~24절

우리가 기도하는 곳에 가다가 점치는 귀신 들린 여종 하나를 만나니 점으로 그 주인들에게 큰 이익을 주는 자라 그가 바울과 우리를 따라와 소리 질러 이르되 이 사람들은 지극히 높은 하나님의 종으로서 구원의 길을 너희에게 전하는 자라 하며 이같이 여러 날을 하는지라 바울이 심히 괴로워하여 돌이켜 그 귀신에게 이르되 예수 그리스도의 이름으로 내가 네게 명하노니 그에게서 나오라 하니 귀신이 즉시 나오니라 여종의 주인들은 자기 수익의 소망이 끊어진 것을 보고 바울과 실라를 붙잡아 장터로 관리들에게 끌어갔다가 상관들 앞에 데리고 가서 말하되 이 사람들이 유대인인데 우리 성을 심히 요란하게 하여 로마 사람인 우리가 받지도 못하고 행하지도 못할 풍속을 전한다 하거늘 무리가 일제히 일어나 고발하니 상관들이 옷을 찢어 벗기고 매로 치라 하여 많이 친 후에 옥에 가두고 간수에게 명하여 든든히 지키라 하니 그가 이러한 명령을 받아 그들을 깊은 옥에 가두고 그 발을 차꼬에 든든히 채웠더니

귀신 들린 여종과 루디아는 흥미로운 대조를 이룹니다. 아마도 루디아는 상당한 재력을 갖춘 장사꾼이었을 것이고, 예수님에 관해서 듣기를 간절히 바랐을 것입니다. 바울이 복음을 전하고 그녀의 삶에 영향을 끼치는 것은 쉬운 일이었을 것입니다.

그와 반대로 여종은 가진 것이 아무것도 없었습니다. 자유마저 없었습니다. 그녀는 하나님을 예배하지도 않고, 하나님을 찾지도 않는 사람이었을 것입니다. 그녀가 사람들의 큰 관심을 받았겠지만, 대부분은 두려워하며 그녀에게 접근하지 못했을 것입니다.

선교사로 살아가기

바울이 일상생활을
복음을 전할 기회로 여기다.

로마 제국의 간수를 향해

사도행전 16장 25~34절

한밤중에 바울과 실라가 기도하고 하나님을 찬송하매 죄수들이 듣더라 이에 갑자기 큰 지진이 나서 옥 터가 움직이고 문이 곧 다 열리며 모든 사람의 매인 것이 다 벗어진지라 간수가 자다가 깨어 옥문들이 열린 것을 보고 죄수들이 도망한 줄 생각하고 칼을 빼어 자결하려 하거늘 바울이 크게 소리 질러 이르되 네 몸을 상하지 말라 우리가 다 여기 있노라 하니 간수가 등불을 달라고 하며 뛰어 들어가 무서워 떨며 바울과 실라 앞에 엎드리고 그들을 데리고 나가 이르되 선생들이여 내가 어떻게 하여야 구원을 받으리이까 하거늘 이르되 주 예수를 믿으라 그리하면 너와 네 집이 구원을 받으리라 하고 주의 말씀을 그 사람과 그 집에 있는 모든 사람에게 전하더라 그 밤 그 시각에 간수가 그들을 데려다가 그 맞은 자리를 씻어 주고 자기와 그 온 가족이 다 세례를 받은 후 그들을 데리고 자기 집에 올라가서 음식을 차려 주고 그와 온 집안이 하나님을 믿으므로 크게 기뻐하니라

복음으로 굳건함

복음의 진리가 흔들릴 때
타협하지 않다.

간수는 잠에서 깨어 감옥의 문이 열린 것을 보자, 이제 자신은 죽은 목숨이라고 생각했습니다. 근무하던 자신이 잠이 든 바람에 그새 모든 죄수들이 도망쳤다고 생각했으니까요. 로마의 간수들은 죄수들에 관해 개인적으로 책임을 져야 했는데, 죄수가 도망가면 처형당할 수도 있었습니다. 그러나 아직 그만 모를 뿐 한 사람도 도망가지 않고 모두 옥에 남아 있었습니다. 아무도 도망치지 않았다는 사실을 깨달은 간수의 마음에 변화가 일어났습니다. 하나님이 실재하신다는 사실과, 바울과 실라가 그 하나님을 알고 있다는 사실을 깨달았습니다. 어쩌면 간수는 이전에 바울과 실라가 도시에서 설교하는 것을 들었을지도 모릅니다. 아니면 그들의 이타적인 삶과 기회가 주어졌는데도 도망치지 않는 모습을 보았기 때문일지도 모릅니다. 어쩌면 바울과 실라가 자기 생명을 귀중히 여겨 주었기 때문일 수도 있고, 아니면 찬송을 들으면서 잠들었기 때문일 수도 있습니다. 무엇이 그를 자극했든지 간에 하나님이 역사하셨던 것이 분명하고, 바울과 실라는 여기에 반응할 준비가 되어 있었습니다.

신자의 새로운 정체성

알짬 교리 **99**

그리스도를 믿는 사람은 근본적인 정체성의 변화를 경험합니다. 하나님의 진노 아래 원수였던 사람이(엡 2:1~3) 하나님의 권속인 사랑받는 자녀의 신분으로 변화되는 것입니다(엡 2:19). 그리스도를 믿는 사람은 그리스도의 대속적 죽음과 부활에 근거하여 의롭다 칭함을 받게 됩니다. 더 이상 그 사람은 과거의 실패나 현재의 애쓰는 것으로 규정되는 죄의 노예가 아닙니다. 그는 흑암의 권세에서 건져져 이제 빛의 나라에 속하게 되었습니다(골 1:13). 누구든지 그리스도 안에 있으면 '새로운 피조물'입니다. 이전의 죄악된 자아는 지나갔고, 구원을 받은 새 자아가 살아나 그리스도를 닮아 갑니다(고후 5:17).

십자가로 하나 됨

그리스도 안에서
믿는 자들이 연합하다.

공평하게 대함

차별하지 않고
친절을 베풀다.

그리스도와의 연결

복음은 다양한 사람에게 다양한 방식으로 전해집니다. 바울과 실라는 빌립보에서 그들의 증언을 통해서 다양한 사회적, 경제적 배경을 가진 사람들이 회심하고 믿음으로 나오는 광경을 목도했습니다. 그들의 메시지는 모든 사람에게 한결같았습니다. "주 예수를 믿으라 그리하면 너와 네 집이 구원을 받으리라"(행 16:31).

하나님이 들려주시는 이야기는 오늘을 사는 나와 늘 연결되어 있습니다. 아래 질문에 답하면서 성경 이야기가 내 이야기와 어떻게 연결되는지 생각해 봅시다.

▶ 오늘날 사람들을 흔히 '종으로 만드는' 것에는 무엇이 있을까요? 종의 신분에서 자유롭게 된 사람의 모습은 어떠할까요?

▶ 우리가 쉽게 무시하는 사람들은 누구인가요? 무시하는 이유는 무엇인가요? 그들에게 관심을 가지는 정도가 아니라 그들의 삶에 다가가 복음에 대한 소망을 심어 주기 위해서 우리가 할 수 있는 일은 무엇일까요?

▶ 인생의 어떤 영역에서 자유로워지고 싶나요?

▶ 바울과 실라가 옥중에서 보여 준 행동(기도, 찬양 등)은 그들의 믿음에 관해 무엇을 말해 주나요? 그들의 이야기를 통해 배울 점은 무엇인가요?

하나님의 이야기
하나님이 그분의 아들
예수 그리스도를 통해
우리를 구속해 주신 이야기

우리의 이야기
우리의 이야기가
하나님의 이야기와
만나는 곳

YOUR MISSION

생각

루디아의 이야기를 통해 하나님은 위대한 기적이나 많은 수의 사람에게만 관심을 두시는 분이 아님을 알 수 있습니다. 하나님은 아주 작은 것에도 관심을 기울이시며, 한 사람 한 사람의 삶에 깊이 관여하십니다. 우리도 하나님처럼 행해야 합니다. 우리는 많은 사람을 가르치고 그리스도께로 인도하는 데에 자신이 쓰임 받기를 바랍니다. 이것은 잘못된 것이 아니긴 하지만 자칫 복음을 놓치게 하는 유혹이 됩니다. 그렇기 때문에 우리는 복음을 듣고 응답할 준비가 되어 있는 한 사람을 찾아낼 필요가 있습니다.

- 개인 사역보다 대중 사역을 더 귀중하게 여기기 쉬운 이유는 무엇인가요?
- 두 사역이 모두 중요한 이유는 무엇일까요?

마음

간수에게 일어난 일은 지금 우리 주변에서도 얼마든지 일어날 수 있습니다. 지진이 일어나지는 않더라도 다양한 방식으로 벌어지는 일에 사람들은 동요합니다. 간수가 그랬듯이, 많은 사람이 절망적인 일을 겪거나 절망적인 소식을 접하곤 합니다. 여러분은 복음을 소망하며 나아갈 준비가 되어 있나요? 어떤 사람들은 복음의 문을 여는 무엇인가를 듣거나 보거나 경험합니다. 지금 하던 일을 잠시 멈추고, 예수님을 그들에게 전할 준비가 되어 있나요?

- 복음을 말이 아닌 삶으로 전하기 위해서 어떤 노력을 기울이고 있나요?
- 이것이 중요한 이유는 무엇인가요?

행동

우리는 종종 복음을 다른 사람과 나누는 대신에 혼자만 알고 있으려고 합니다. "다른 사람에게 복음을 전하려면, 먼저 믿음이 깊어져야 해"라거나 "변증법을 배워야 복음을 전하지"라고 말하곤 합니다. 성경을 더 깊이 이해하고, 사람들과 복음에 관해 논쟁하는 법을 배우는 것도 중요하지만, 믿지 않는 학우나 친구나 가족과 단순히 좋은 관계를 쌓는 것도 중요합니다. 그들 앞에서 복음대로 살고, 복음을 나눌 기회를 달라고 기도하세요.

- 이 이야기를 통해 복음을 전하는 사명을 감당할 용기를 얻을 수 있었나요?
- 이번 주에 복음을 전하고 싶은 사람이 있다면 누구인가요?

> 다음 모임까지 **누가복음 10장; 요한복음 7:1~11:54절**을 읽어 보세요.

11

알아들을 수 있게 전해 줘

성 경 말 씀　사도행전 17장 16~33절

포 인 트　복음은 문화가 달라도 쉽게 이해할 수 있는 방식으로 제시되어야 한다.

등 장 인 물　바울(히브리어 이름은 '사울'임. 지독한 박해자에서 그리스도의 제자이자 사도로 변화됨. 이방인의 사도로 유명함)

메시지 좌표　이번 과에서는 소위 '복음 전도 전략'에 관해 살펴볼 것입니다. 사도행전에는 복음 메시지를 듣고 받아들이거나 거절했던 만남이 여러 차례 등장합니다. 그러나 이러한 만남이 이루어졌던 당시의 문화는 우리가 살고 있는 지금의 문화와 여러 면에서 비슷합니다.

문화를 사로잡음

바울이 그리스도의 메시지로
주변 문화에 참여하다.

선교사로 살아가기

바울이 일상생활을
복음을 전할 기회로 여기다.

우상이 가득한 도시에서

바울은 데살로니가와 베뢰아의 유대인 회당에서 복음을 전파한 후에, 우상으로 가득한 지식과 종교의 중심지인 아덴에 도착했습니다.

> **사도행전 17장 16절**
> 바울이 아덴에서 그들을 기다리다가 그 성에 우상이 가득한 것을 보고 마음에 격분하여

바울이 전에 경험했던 우상 숭배 도시들과 아덴은 차원이 달랐습니다. 그래서 바울이 "그 성에 우상이 가득한 것을 보고 마음에 격분"(행 17:16)했습니다. 바울은 시험공부 하는 것을 잊어버려서 걱정하는 십 대처럼 근심하지 않았습니다. 그는 아덴의 우상들이나 우상들의 수를 두려워하지 않았습니다. 오히려 도시 안에 그토록 많은 우상이 있다는 사실로 근심했습니다. 이로 인해 바울은 실라와 일행이 도착하기도 전에 회당과 장터에서 복음을 나누기 시작했습니다.

오늘날 우리 도시에는 어떤 우상들이 있나요?

_____

_____

우리 문화에서 볼 수 있는 수많은 우상에 관해 어떻게 생각하나요? 사람들을 예수님께 인도하려면 어떤 일을 해야 할까요?

_____

_____

내 마음을 열어 봐

> **사도행전 17장 17~31절**
> 회당에서는 유대인과 경건한 사람들과 또 장터에서는 날마다 만나는 사람들과 변론하니 어떤 에피쿠로스와 스토아 철학자들도 바울과 쟁론할새 어떤 사람은 이르되 이 말쟁이가 무슨 말을 하고자 하느냐 하고 어떤 사람은 이르되 이방 신들을 전하는 사람인가보다 하니 이는 바울이 예수와 부활을 전하기 때문이러라 그를 붙들어 아레오바고로 가며

말하기를 네가 말하는 이 새로운 가르침이 무엇인지 우리가 알 수 있겠느냐 네가 어떤 이상한 것을 우리 귀에 들려주니 그 무슨 뜻인지 알고자 하노라 하니 모든 아덴 사람과 거기서 나그네 된 외국인들이 가장 새로운 것을 말하고 듣는 것 이외에는 달리 시간을 쓰지 않음이더라 바울이 아레오바고 가운데 서서 말하되 아덴 사람들아 너희를 보니 범사에 종교심이 많도다 내가 두루 다니며 너희가 위하는 것들을 보다가 알지 못하는 신에게라고 새긴 단도 보았으니 그런즉 너희가 알지 못하고 위하는 그것을 내가 너희에게 알게 하리라 우주와 그 가운데 있는 만물을 지으신 하나님께서는 천지의 주재시니 손으로 지은 전에 계시지 아니하시고 또 무엇이 부족한 것처럼 사람의 손으로 섬김을 받으시는 것이 아니니 이는 만민에게 생명과 호흡과 만물을 친히 주시는 이심이라 인류의 모든 족속을 한 혈통으로 만드사 온 땅에 살게 하시고 그들의 연대를 정하시며 거주의 경계를 한정하셨으니 이는 사람으로 혹 하나님을 더듬어 찾아 발견하게 하려 하심이로되 그는 우리 각 사람에게서 멀리 계시지 아니하도다 우리가 그를 힘입어 살며 기동하며 존재하느니라 너희 시인 중 어떤 사람들의 말과 같이 우리가 그의 소생이라 하니 [29]이와 같이 하나님의 소생이 되었은즉 하나님을 금이나 은이나 돌에다 사람의 기술과 고안으로 새긴 것들과 같이 여길 것이 아니니라 [30]알지 못하던 시대에는 하나님이 간과하셨거니와 이제는 어디든지 사람에게 다 명하사 회개하라 하셨으니 [31]이는 정하신 사람으로 하여금 천하를 공의로 심판할 날을 작정하시고 이에 그를 죽은 자 가운데서 다시 살리신 것으로 모든 사람에게 믿을 만한 증거를 주셨음이니라 하니라

복음으로 굳건함

복음의 진리가 흔들릴 때
타협하지 않다.

바울은 아덴 사람들과 논쟁할 때 그들이 자신처럼 독실한 유대교인이 된 후에야 기독교로 개종하여 믿음에 이르게 되리라고는 기대하지 않았습니다. 그 대신에 그들의 세계관과 그들이 알고 있던 것으로부터 말하기 시작했고, 차차 그들에게 복음을 전할 수 있는 기초를 다져 나갔습니다.

아덴 사람들은 바울에게 많은 군중 앞에서 복음을 전할 기회를 주었습니다. 이에 바울은 그들이 진리를 찾고 탐구하려고 애쓰는 점을 칭찬했습니다(행 17:20). 메시지를 설명하기 위해서 아레오바고로 이동한 바울은 그가 목격한 선을 긍정하면서 연설하기 시작했습니다. 바울은 아덴 사람들의 종교심과 그들의 인생이 '지금 여기'보다 크다는 사실을 이해한다는 점을 칭찬했습니다. 바로 이 지점에서, 바울은 그들이 섬기는 알지 못하는 신에 관해 언급하면서 하나님이 누구신가에 관한 진리를 가르쳤고, 아덴 문화의 신이란 개념에서 성경적인 진리로 전환했습니다.

십자가로 하나 됨

그리스도 안에서
믿는 자들이 연합하다.

대화의 시작이 희망이야

사도행전 17장 32~33절
그들이 죽은 자의 부활을 듣고 어떤 사람은 조롱도 하고 어떤 사람은 이 일에 대하여 네 말을 다시 듣겠다 하니 이에 바울이 그들 가운데서 떠나매

아덴 사람들의 반응은 다양했습니다. '부활'은 그들 문화에서 말도 안 되는 개념이었기 때문에 바울을 조롱하는 사람도 있었습니다. 하나님과 상관없이 살던 사람들에게 복음을 전할 때는 결과를 하나님께 맡겨야 합니다(고전 3:5~9). 복음을 거부하고 조롱하며 비웃는 사람들을 대하는 최선의 대응은 대화를 멈추고 그들을 위해 중보 기도하는 것입니다. 하나님이 그들의 마음을 부드럽게 하여 복음의 진리를 듣게 해 주시며, 그들로 하여금 복음의 진리에 무릎 꿇게 해 주시기를 기도해야 합니다.

사람들에게 복음을 전하고 나누다 보면, 아덴 사람들처럼 계속해서 토론을 이어 가고, 질문하기를 원하는 사람을 만나게 될 것입니다. 그런 경우에는 질문을 받고 성심성의껏 답변해 주세요. 만약 어떻게 답변해야 할지 모르겠다면, 그들과 함께 탐구해 나가세요. 이런 과정이 여러분 삶의 일부가 되게 하세요. 그러나 그것은 언제나 성경에서 시작하고, 성경으로 끝나는 여정이 되어야 합니다. 그러면 하나님의 진리가 길을 인도하시고, 대화를 이끌어 주실 것입니다.

공평하게 대함

차별하지 않고
친절을 베풀다.

새로운 정체성

택함받은 천국 시민으로서
거룩하게 살다.

> **전도** 　　　　　　　　　　　　　　　　알짬 교리 **99**
>
> 모든 민족을 제자로 삼는 것은 모든 그리스도인과 모든 교회의 의무이자 특권입니다. 하나님의 성령으로 영이 거듭났다는 것은 다른 사람들을 사랑하는 사람으로 거듭났다는 뜻입니다. 따라서 모든 그리스도인이 행하는 선교적 노력은 거듭난 사람이 행하여야 하는 필수적인 영적 생활에 근거하며, 그리스도의 가르침 속에 분명히 그리고 반복적으로 나타나는 명령입니다. 예수님은 모든 민족에 복음을 전하라고 말씀하셨습니다. 그리스도인의 삶의 모습을 보여 주고, 말로 증언함으로써, 잃어버린 자들을 그리스도께 인도하고자 끝없이 노력하는 것은 모든 하나님의 자녀에게 주어진 의무입니다.

그리스도와의 연결

바울은 아덴 사람들과 논의하면서 성경적인 세계관과 헬라 문화 사이의 유사점들을 발견했습니다. 그러고 나서 만국이 첫째 아담에게서 비롯되었으며, 둘째 아담이신 예수 그리스도에게서는 심판을 받게 되리라고 선포했습니다. 바울의 메시지는 부활하신 예수님에게 초점이 맞추어졌고, 회개를 향한 열렬한 호소를 담고 있었습니다.

하나님이 들려주시는 이야기는 오늘을 사는 나와 늘 연결되어 있습니다. 아래 질문에 답하면서 성경 이야기가 내 이야기와 어떻게 연결되는지 생각해 봅시다.

▶ 바울이 담대한 태도로 아덴 철학자들을 대할 수 있었던 까닭을 생각해 보고, 앞으로 어떤 태도로 복음을 전하는 사명을 감당할지에 대해 이야기해 봅시다.

▶ 하나님의 자녀는 세상에 살면서도 세상에 속해서는 안 된다고 성경에서는 언급합니다 (요 17:14, 16). 이 말씀의 의미는 무엇인가요?

▶ 우리가 씨를 뿌리고 물을 준다 해도 궁극적으로 자라게 하시는 분은 하나님입니다. 우리는 최대한 많은 씨를 뿌려야 합니다. 어떻게 하면 일상생활에서 규칙적으로 복음의 씨를 뿌릴 수 있을까요?

▶ 복음을 믿고 예수 그리스도를 자신의 구주로 받아들이고 나면 그다음 단계는 무엇일까요? 제자 훈련은 어떻게 이루어지고, 무엇부터 배우게 될까요?

하나님의 이야기
하나님이 그분의 아들
예수 그리스도를 통해
우리를 구속해 주신 이야기

우리의 이야기
우리의 이야기가
하나님의 이야기와
만나는 곳

YOUR MISSION

생각

존 번연은 말했습니다. "그것은 마음이 상하는 일입니다. … 그래서 비탄한 심정이 됩니다. 그러나 마음이 상하지 않고는 구원도 없습니다. 회심은 어떤 사람들이 생각하듯이 순조롭고 느긋한 과정이 아닙니다." 번연도 바울처럼 복음 전도가 암송 구절 몇 개를 반복하는 것 이상의 의미를 가진다는 사실을 알았습니다. 복음을 전하려면, 주변 문화도 연구하여 진리를 전할 최선의 전략을 짜야 합니다.

- 영화, 음악, 인터넷 등 문화적인 요소들을 통해서 사람들과 어떻게 연결될 수 있을까요?
- 그리스도를 위해 영향을 미칠 수 있도록 문화를 연구하는 것이 중요한 이유는 무엇인가요?

마음

오늘날 우리 문화에서도 아덴과 같은 우상이 문제가 됩니다. 사람들이 절하고 경외하는 조각품은 아닐지라도 여전히 우리를 둘러싼 채 마음 깊은 곳에 숨어 있습니다. 카일 아이들먼은 말했습니다. "우상 숭배는 많은 죄 가운데 하나가 아니라 다른 모든 죄의 원천이 되는 최고의 죄입니다. 따라서 우리가 겪고 있는 문제들을 파헤쳐 보면, 그 밑바탕에는 거짓 신이 도사리고 있음을 발견할 수 있습니다. 우상을 물리치고 그 자리에 주 하나님을 모시기 전에는 승리할 수 없습니다. 우상 숭배는 사소한 문제가 아니라 중요한 핵심 쟁점입니다."

- 여러분의 도시는 우상으로 가득한가요? 어떤 우상이 있나요?
- 여러분이 씨름하고 있는 마음속 우상은 어떤 것인가요? 복음은 우상에 빠진 마음에 어떤 변화를 줄 수 있을까요?

행동

복음이 무엇인지 알아도 그것을 다른 사람에게 전하지 못하는 그리스도인들이 많습니다. 복음은 단지 알고만 있는 것이 아니라 나누어야 하는 것입니다. 그러니 이웃에 있는 잃어버린 자들을 위해서 기도하세요. 그들을 만나고, 그들과 친분을 쌓으면서 말과 행동으로 그들에게 복음을 전할 기회를 찾으세요.

- 하나님을 잘 모르는 친구, 이웃, 가족과 영적인 대화를 어떻게 시작하면 좋을까요? 예를 들어 보세요.
- 회개하며 살아가는 것은 주님을 믿지 않는 세상에 복음의 능력을 어떻게 보여 주나요? 어떻게 하면 회개의 삶을 살 수 있을까요?

> 다음 모임까지 **누가복음 12:1~13:30; 14~15절**을 읽어 보세요.

12

지금 있는 곳에서, 지금 할 수 있는 일부터

성경 말씀 사도행전 18장 1~4, 24~28절; 20장 17~24절

포 인 트 하나님의 모든 백성은 하나님이 그를 두신 곳에서 선교하라는 부름을 받았다.

등 장 인 물 바울(히브리어 이름은 '사울'임. 지독한 박해자에서 그리스도의 제자이자 사도로 변화됨. 이방인의 사도로 유명함)
브리스길라와 아굴라(바울을 따라 에베소로 건너가 자신의 집을 예배 처소로 내어 주었던 부부. 아볼로에게 복음의 진리를 전했음)

메시지 좌표 본문에서 우리는 인생의 매 순간마다, 모든 만남마다 복음을 전하고 교회를 세우기를 바라시는 하나님을 보게 될 것입니다. 복음을 나누는 일을 우리의 일정에 부차적으로 채우거나, 교회에서만 하려고 해서는 안 됩니다. 교실에 앉아 있을 때나 공원에서 즐거운 시간을 보낼 때나 누군가와 온라인 게임을 할 때나 언제라도 복음을 나눌 수 있습니다.

바로 이것, 내가 하는 일로

> **사도행전 18장 1~4절**
> 그 후에 바울이 아덴을 떠나 고린도에 이르러 아굴라라 하는 본도에서 난 유대인 한 사람을 만나니 글라우디오가 모든 유대인을 명하여 로마에서 떠나라 한 고로 그가 그 아내 브리스길라와 함께 이달리야로부터 새로 온지라 바울이 그들에게 가매 생업이 같으므로 함께 살며 일을 하니 그 생업은 천막을 만드는 것이더라 안식일마다 바울이 회당에서 강론하고 유대인과 헬라인을 권면하니라

선교사로 살아가기
바울이 일상생활을
복음을 전할 기회로 여기다.

바울은 복음을 세상에 널리 전하기 위하여 아덴을 떠나 고린도로 향했습니다. 신약에서는 주로 바울의 가르침, 설교, 제자 훈련 혹은 복음 전도에 대해 언급했습니다. 그러나 간혹 그의 다른 직업인 천막 만드는 일에 대해서도 언급했습니다(행 18:3). 바울은 그가 사역과 손으로 자기 자신과 동료들의 필요를 충당했다고 말했는데(행 20:34), 이는 천막 만드는 일을 가리킵니다. 바울은 복음을 전하는 사람은 복음 전하는 일로 생계를 꾸릴 수 있어야 한다고 말하면서도, 정작 자신은 그 특권을 거절했습니다(고전 9:14~15). 비록 복음을 전하는 일로 생계를 꾸리는 것이 옳고 마땅할지라도 주님이 천막 만드는 일을 통해 충당해 주셨기 때문에 바울은 자신이 "값없이"(고전 9:18) 복음을 전하도록 부름을 받았다고 계속해서 주장했습니다.

고린도에 도착한 바울은 하나님의 섭리에 따라 브리스길라와 아굴라를 만났습니다. 그들도 고린도에 최근에 새로 왔고, 천막을 만드는 일을 했습니다. 이것은 우연의 일치가 아님이 분명합니다. 바울은 자신이 천막 만드는 것과 복음을 값없이 설교할 수 있는 것에 자부심이 있었지만, 궁극적으로 그에게 일용할 양식과 모든 필요를 공급하시는 분은 하나님이심을 알고 있었습니다.

복음으로 굳건함
복음의 진리가 흔들릴 때
타협하지 않다.

> "
> 복음에는 두 가지가 있습니다.
> 마음과 삶에 대한 회개와,
> 예수 그리스도의 죽으심에 기초하고 용기를 일으키는 믿음입니다.
> 실로 이 두 가지는 유대인뿐 아니라 모든 이방인에게도 선포되어야 합니다.
> 하인리히 불링거 Heinrich Bullinger
> "

12 지금 있는 곳에서, 지금 할 수 있는 일부터

바로 너, 널 내가 돕겠어

사도행전 18장 24~28절
알렉산드리아에서 난 아볼로라 하는 유대인이 에베소에 이르니 이 사람은 언변이 좋고 성경에 능통한 자라 그가 일찍이 주의 도를 배워 열심으로 예수에 관한 것을 자세히 말하며 가르치나 요한의 세례만 알 따름이라 그가 회당에서 담대히 말하기 시작하거늘 브리스길라와 아굴라가 듣고 데려다가 하나님의 도를 더 정확하게 풀어 이르더라 아볼로가 아가야로 건너가고자 함으로 형제들이 그를 격려하며 제자들에게 편지를 써 영접하라 하였더니 그가 가매 은혜로 말미암아 믿은 자들에게 많은 유익을 주니 이는 성경으로써 예수는 그리스도라고 증언하여 공중 앞에서 힘있게 유대인의 말을 이김이러라

브리스길라와 아굴라는 아볼로를 경쟁자로 여기는 대신에 주님 안에서 형제이자 복음 사역의 동역자로 여겼습니다. 그래서 그들은 아볼로가 '승리하게' 도왔습니다. 아볼로는 요한의 세례밖에 몰랐지만, 성경을 통해서 예수 그리스도를 강력하고 능숙하게 설교했습니다. 그렇다면 아볼로가 그보다 많은 지식을 알고 있는 신자들에게 배운 후에는 더욱 탁월하게 복음을 전할 수 있을 것입니다.

> 브리스길라와 아굴라가 아볼로를 돕는 대신에 그를 경쟁자로 여겼다면 어떤 일이 벌어졌을까요?

> 복음을 전하는 일에서조차 경쟁하는 것이 인간의 본성일까요?

바로 거기, 성령님과 함께라면 기꺼이

관점이 중요합니다. 평소에 잘 알고 있다고 자부했던 어떤 주제를 깊이 파고들어 보니 오히려 자신이 얼마나 무지한지를 깨달았던 적이 있나요? 그런 경험을 통해 우리는 겸손을 배웁니다.

그와 마찬가지로, 일이 잘 풀릴 때에는 모두 자신의 탁월한 계획과 선견지명 덕분이라고 생각하기가 쉽습니다. 그러나 힘든 시기가 찾아오면, 다시는 터널 끝의 빛을 보지 못할 것만 같은 절망감에 빠지곤 합니다. 사람들은 대부분 감정이나 계획이나 관점 면에서 변덕스럽습니다. 그렇기 때문에 이 이야기가 중요한 것입니다.

십자가로 하나 됨

그리스도 안에서
믿는 자들이 연합하다.

공평하게 대함

차별하지 않고
친절을 베풀다.

새로운 정체성

택함받은 천국 시민으로서
거룩하게 살다.

행동하는 사랑

하나님과 사람을 향한 사랑은
삶에서 구체적으로 나타난다.

사도행전 20장 17~24절

바울이 밀레도에서 사람을 에베소로 보내어 교회 장로들을 청하니 오매 그들에게 말하되 아시아에 들어온 첫날부터 지금까지 내가 항상 여러분 가운데서 어떻게 행하였는지를 여러분도 아는 바니 곧 모든 겸손과 눈물이며 유대인의 간계로 말미암아 당한 시험을 참고 주를 섬긴 것과 유익한 것은 무엇이든지 공중 앞에서나 각 집에서나 거리낌이 없이 여러분에게 전하여 가르치고 유대인과 헬라인들에게 하나님께 대한 회개와 우리 주 예수 그리스도께 대한 믿음을 증언한 것이라 보라 이제 나는 성령에 매여 예루살렘으로 가는데 거기서 무슨 일을 당할지 알지 못하노라 오직 성령이 각 성에서 내게 증언하여 결박과 환난이 나를 기다린다 하시나 내가 달려갈 길과 주 예수께 받은 사명 곧 하나님의 은혜의 복음을 증언하는 일을 마치려 함에는 나의 생명조차 조금도 귀한 것으로 여기지 아니하노라

왜 우리는 영적인 생활조차도 이웃과 비교하려고 할까요?

_____

_____

제자도

알짬 교리 **99**

제자도란 예수님을 따를 때 형식적으로 그리고 일상적으로 거치게 되는 영적 성숙의 과정을 가리킵니다. 일상적인 과정은 신명기 6장 4~9절에서 언급된 것처럼 삶의 모든 영역에서 일어납니다. 신앙이 성숙하고 그리스도와의 동행이 깊어질수록 제자도는 마음의 변화뿐 아니라 모든 삶의 변화를 요구합니다. 반면, 형식적인 과정은 일정 기간의 훈련을 통해 일어납니다. 제자도는 말과 행동을 통해 이루어집니다. 말로 하나님의 말씀을 가르치고, 행동으로 삶의 모범을 보여야 합니다(행 20:17~24).

그리스도와의 연결

사도 바울은 제3차 선교 여행을 하면서 자신이 처한 모든 상황을 기회 삼아 복음을 전하고, 교회를 굳건히 세웠습니다. 바울은 진리를 말하고, 약자를 도우며, 예배의 행위로서 후히 베풀라고 가르치신 예수님의 이타심과 은혜를 따라 살았습니다. 그의 인내심은 그를 부르신 예수 그리스도의 지극히 높으신 가치의 증거입니다.

하나님이 들려주시는 이야기는 오늘을 사는 나와 늘 연결되어 있습니다. 아래 질문에 답하면서 성경 이야기가 내 이야기와 어떻게 연결되는지 생각해 봅시다.

▶ 에베소서 4장 11~12절을 읽어 봅시다. 이 말씀은 모든 믿는 자는 자신이 하는 일(직업)을 사역처럼 해야 한다는 개념을 어떻게 지지하나요? 여러분의 미래를 생각해 볼 때, 어떤 도전을 받게 되나요?

▶ 자신이 속한 영역과 삶의 자리에서 복음을 전하는 방법은 무엇일까요?

▶ 바울이 사도행전 20장 20절에서 한 말을 어떻게 하면 우리 삶에 반영할 수 있을까요?

▶ 가정에서나 학교에서나 과외 활동을 하는 곳에서 신앙의 유산을 남긴다면 어떤 것을 남길 수 있을까요?

하나님의 이야기
하나님이 그분의 아들
예수 그리스도를 통해
우리를 구속해 주신 이야기

우리의 이야기
우리의 이야기가
하나님의 이야기와
만나는 곳

YOUR MISSION

생각

아볼로 이야기는 주님이 사람들의 과거나 지식과 무관하게 누구든 사용하신다는 점에서 우리에게 용기를 줍니다. 하나님은 그분의 뜻에 언제든 어디서든 무엇이든 따르고자 하는 신실하고 겸손한 사람을 찾으십니다. 이런 자세는 예수님의 제자들과 아볼로에게서 찾아볼 수 있습니다.

- 하나님이 사람을 사용하실 때 타고난 재능보다 자원하는 마음을 먼저 보시는 이유는 무엇일까요?
- 이 진리가 개인적으로 나에게 어떤 격려를 주나요?

마음

성경에서 이 같은 이야기를 읽으면, 이야기에 담긴 진리가 우리 안에 내면화됨으로써 안팎으로 변화될 수 있도록 성령님께 기도하는 것이 중요합니다. 이번 과에서 배운 내용을 바탕으로 이렇게 기도해 보세요. "주님, 주변 사람들에게 복음을 전할 담대함을 주세요. 세상일에 지나친 가치를 두지 않게 해 주세요. 자기 자신이 아닌 하나님 나라에 관심을 두게 해 주세요."

- 영원에 비추어 볼 때, 우리 인생은 바다에 떨어진 물 한 방울과 같습니다. 여러분은 후대에 어떤 유산을 남겨 주고 싶나요?
- 나의 삶이 온전히 하나님의 선교 사역의 일부가 되도록, 관점과 우선순위와 태도를 바로 잡으려면 무엇부터 바꾸어야 할까요?

행동

우리는 다른 사람을 제자로 삼으려면, 먼저 어느 정도는 성숙해야 하고, 많은 성경 구절을 암송할 수 있어야 하며, 까다로운 논쟁에서 반박할 수 있어야 한다고 생각하곤 합니다. 하지만 이는 사실이 아닙니다. 예수님이 우물가에서 사마리아 여인을 만나셨던 이야기나 거라사인의 지방에 이르러 귀신 들린 사람을 만나셨던 이야기를 찾아봅시다(요 4장; 막 5:1~18). 그리스도의 치유 능력을 경험한 사마리아 여인과 귀신 들렸던 사람은 가서 다른 사람들에게 예수님을 전했습니다. 그들은 복음 전도 수업을 들은 적도 없고, 신학교에 다녀 본 적도 없었습니다. 단지 자신이 경험한 일을 증언했을 뿐입니다.

- 지난 한 해를 돌아보고, 그리스도의 제자로 살면서 깨달은 한 가지를 나눠 주세요.
- 누군가로부터 멘토가 되어 달라는 부탁을 받는다면 여러분이 해 줄 수 있는 것은 무엇인가요?

> 다음 모임까지 마태복음 19~20장; 마가복음 10
> 장; 누가복음 16:1~19:27절을 읽어 보세요.

12 지금 있는 곳에서, 지금 할 수 있는 일부터

주요 인물

바나바

바나바는 자신의 밭을 팔아서 그 돈을 교회에 기증했던 구브로 출신의 레위족 사람이다(행 4:36~37). 그는 바울을 예루살렘 교회에 소개했으며 (행 9:26~27), 바울과 함께 예루살렘 교회에 기근 부조금을 전달했다(행 11:19~30). 그는 그 외에도 여러 차례 선교 여행을 떠났다(행 13~14장; 15:1~21, 36~41).

바울

바울의 히브리어 이름은 사울이다. 그는 초대교회의 맹렬한 박해자였으며, 초대교회가 세워지는 것을 전략적으로 저지하는 데 앞장섰다. 그리스도인을 박해하기 위해 다메섹으로 가던 길에 부활하신 그리스도를 만났고, 그 결과 영원히 변화되었다(행 9장). 바울은 교회의 맹렬한 박해자에서 열정적인 수호자가 되었으며, 1세기 교회 최초로 이방인 선교를 여러 차례 주도했다.

브리스길라와 아굴라

브리스길라와 아굴라는 글라우디오 황제가 유대인들에게 로마를 떠나도록 명령하자 이탈리아에서 고린도로 여행했던 부부이다. 바울하고 동행해서 에베소에 갔고(행 18:19), 거기서 아볼로를 기독교 신앙으로 교육했다(행 18:26). 그들의 집이 교회가 되었으며, 그들은 바울과 함께 고린도 교회에 서신서를 썼다(고전 16:19).

스데반

스데반은 초대교회 최초의 순교자로 인정된다. 그는 복음을 전한다는 이유와, 착한 행실 때문에 돌에 맞아 죽었다.

빌립

빌립은 복음 전도자이자 그리스도의 추종자였다. 그는 사도행전 8장에서 성령에 이끌려 에티오피아 사람과 만났던 사건으로 유명하다. 빌립은 에티오피아 사람이 구약성경에 대해 가지고 있던 의문점에 답변하고, 어떻게 이 모든 것이 나사렛 예수를 가리키는지 알려 주었다.

실라

실라는 실루아노로도 불렸다. 그는 바울과 선교 여행에 참여했고(행 15:40~41), 베드로의 서기로서 그를 도와 베드로전서를 기록했다(벧전 5:12). 빌립보에서는 바울과 함께 그들의 신앙 때문에 투옥되었으나(행 16:19~24), 하나님은 그들을 풀려나게 해 주시며 간수에게 복음을 전할 기회를 주셨다. 그 결과 간수와 그의 가족이 신자가 되었다(행 16:25~34).

고넬료

고넬료는 가이사랴에 임명된 로마 백부장이다(행 10장). 베드로는 '깨끗하지 않은' 사람에 대한 자신의 인식에 도전하는 환상을 본 후, 고넬료와 그의 가족에게 복음을 전하도록 인도되었다. 이것은 교회 초기의 핵심적인 순간으로서, 하나님이 사람을 외모로 취하지 않으시고 모든 민족과 언어와 나라에 구원을 베푸신다는 점을 강조한다.

신약4 연대표

오순절에 임하신 성령님
복음을 전파할 힘을
성령님이 주시다.

담대해진 제자들
요한과 베드로가 기적을 행하고
담대하게 복음을 전하다.

나눔 공동체가 된 초대교회
연합과 관대함을
교회가 보여 주다.

고넬료와 만나는 베드로
복음이 이방에 전파되다.

에티오피아인 여행자
빌립이 복음의 메시지를
충실하게 전하다.

첫 번째 순교자
스데반이 자신의 삶과 죽음으로
예수님을 드러내다.

박해자에서 복음 설교자로
예수님을 박해하던 바울이
부활하신 그리스도를 만나고
영원히 변화되다.

초기 선교사들의 사역
바울과 바나바가
열방에 교회를 세우기 시작하다.

오직 그리스도
구원은 오직 그리스도를
믿음으로써 은혜로 얻는다.

선교사로 살아가기
바울이 일상생활을
복음을 전할 기회로 여기다.

문화를 사로잡음
바울이 그리스도의 메시지로
주변 문화에 참여하다.

모두에게 열려 있는 구원
다양한 배경의 사람들이
복음 메시지를 듣게 되다.